DA GRANDE FARÒ L'AUDITOR

GIOVANNI PIAZZA

Book Editors Group

Prima Edizione: Novembre 2023

Ogni riproduzione dell'opera è vietata,

salvo espressa autorizzazione da parte dell'autore.

Licenza per le immagini fornita da Shutterstock.com

INDICE

A ricordo di:

Mia mamma Troglio Stefania, fonte di ispirazione e sostegno costante. Grazie per avermi insegnato il valore del lavoro, del sacrificio e per avermi incoraggiato a seguire i miei sogni.

Riccardo Cocco, Grazie per avermi trasmesso la passione per l'auditing e per avermi guidato nel mio percorso professionale. Questo libro è un omaggio al tuo insegnamento ed alla tua preziosa influenza nella mia carriera lavorativa.

INTRODUZIONE

Questo libro è pensato come un insieme di consigli e di insegnamenti tratti dalla mia esperienza personale vissuta come Auditor, in un certo modo già in parte conosciuti da coloro che hanno già partecipato a corsi di formazione e sicuramente propedeutici invece per chi farà ciò prossimamente, avvalendosi quindi di una serie di "lezioni" relative alle metodologie di audit. In questo testo ho voluto racchiudere suggerimenti e raccomandazioni che nascono innanzi tutto dall'esperienza, dunque prendono le mosse dai successi personali che sono stato in grado di conseguire nell'ambito di questa professione ma non in misura minore dagli errori che, in tanti anni, ho potuto constatare durante le attività di auditing e di cui credo complessivamente di aver fatto tesoro.

Se, pertanto, questo libro intende fornire non solo un supporto esclusivamente "tecnico" bensì esperienziale, lo stesso non può comunque essere considerato un elemento che viene a sostituire un corso di formazione. Piuttosto possiamo ritenerlo uno strumento che invoglia a seguire i corsi e, più in generale, uno specifico iter di apprendimento concernente la professione dell'auditor. Questo peculiare strumento infatti, costituito da un testo scritto, a mio avviso è un *plus* perché può fornire indicazioni supplementari e ulteriori rispetto a un corso, senza contare che, grazie al libro, noi andremo ad approfondire concretamente alcuni concetti e principi basilari, sia per quanto riguarda l'audit, sia in merito alla figura dell'auditor.

Proprio perché, personalmente, ho tenuto per anni insieme ai miei collaboratori corsi di formazione anche on line e progettati, spesso, per conto di enti di formazione ritengo a maggior ragione che l'obiettivo del libro debba essere quello di garantire al lettore alcuni elementi aggiuntivi. Esso, quindi, può rivelarsi di grande utilità nel momento in cui riesce ad assicurare un approccio maggiormente discorsivo rispetto a temi che, altrimenti, rischiano di essere appresi in maniera fin troppo meccanica, ovvero come un'arida elencazione di Norme e di "regole" che, magari, in alcuni passaggi potrebbero anche apparire complicate, astratte, quindi difficili da metabolizzare.

Questo testo, al contrario, ha l'ambizione di essere qualcosa in più, fornendo quindi sia una esposizione sintetica e facilmente comprensibile circa quel che è di fondamentale importanza nell'attività dell'auditor, realizzando così un'indispensabile guida pratica; sia il racconto dettagliato di quella che per me è stata non solo una professione o un semplice "lavoro", bensì un'autentica passione. Con questo libro, pertanto, vorrei comunicare al lettore un concetto che ritengo essenziale, derivante appunto dalla mia lunga esperienza e che è alla base di qualsiasi approccio alla figura dell'auditor, specie per chi intende iniziare un percorso di studio, cioè di concreta immissione nell'ambito di questa professione. Al di là di freddi tecnicismi e di astratte norme, comunque da apprendere con scrupolo, è infatti importante comprendere che diventare auditor in massima parte non può non essere un'attitudine, un'inclinazione, capace di fortificarsi in ragione di una precisa disposizione d'animo; in parole povere una passione – per me, non a caso, è stato così – e soprattutto una missione.

Del resto occorre considerare con attenzione che la figura dell'auditor attualmente è di grande importanza, ed ha assunto un rilievo oggettivo nel corso degli anni e in futuro sarà sempre più basilare, se non addirittura imprescindibile, perché sovente al centro di delicati equilibri, di cui non di rado può diventare fulcro. Se al giorno d'oggi, ad esempio, dovessimo porre a dieci persone di età, genere e condizione sociale diverse la seguente domanda, «Chi è l'auditor e cosa fa concretamente?», quanti sarebbero in grado di fornire la risposta corretta? E quanti, magari, farebbero semplicemente scena muta?

Se pertanto la sua "visibilità", forse, è ancora scarsa in termini assoluti la sua funzione e il suo ruolo sono invece estremamente preziosi. Come tali, infatti, essi vengono ormai riconosciuti a livello Internazionale dalle aziende, dagli Enti e dalle organizzazioni più disparate e prestigiose, che si avvalgono stabilmente dell'audit e delle sue procedure di verifica e di valutazione dei processi, dunque dell'apporto di professionisti del settore.

Questi soggetti, pertanto, hanno il dovere di essere straordinariamente qualificati, aggiornati e al contempo motivati; formarli nel migliore dei modi è dunque essenziale, ma per fare ciò è necessario trasmettere una passione, in grado di scaturire dalla profonda conoscenza di dinamiche complesse – inerenti, peraltro, non solo all'economia e al diritto, bensì anche alla comunicazione e perfino alla psicologia, come avremo modo di appurare – che possono e devono essere apprese nel tempo. L'*input*, nondimeno – o forse la "scintilla" – deve pur sempre scaturire dallo sprigionarsi di un forte interesse individuale per la materia "audit", quindi per un determinato percorso professionale: questo è lo scopo e l'ambizione che ha questo testo.

L'elemento biografico, del resto, ha una sua oggettiva centralità in questo volume, del quale è senz'altro momento costitutivo. Sono nato a Piacenza l'11 luglio 1971 e fin da ragazzo ho sognato di dar vita a qualcosa di indipendente, ovvero costruire una realtà mia, da gestire autonomamente. Mia madre era una Dirigente Scolastica di Scuola Secondaria Inferiore e mio padre un impiegato del Comune di Ottone – del quale successivamente sarei diventato Sindaco – nella Valle del Trebbia, in provincia di

Piacenza. Fin da adolescente mi sono occupato di volontariato, e di politica non tanto a livello partitico ma nell'ambito della Pubblica Amministrazione rivestendo diversi incarichi operando anche per conto di realtà locali e nazionali. Terminati gli studi, sono subito entrato nel mondo del lavoro, all'interno di aziende che si occupavano di Gestione Servizi Pubblici locali, in particolare per quanto concerne la distribuzione del gas, la gestione del ciclo idrico integrato e la gestione e riscossione delle entrate patrimoniali dei Comuni e delle Provincie.

In queste aziende ho maturato una serie di esperienze, specie quelle di carattere maggiormente "tecnico" e legate alla gestione in qualità dei diversi processi. Ciò si è rivelato molto utile nel lungo periodo, anche perché oggi qualsiasi azienda o in generale organizzazione deve operare nell'ottica del pieno soddisfacimento delle esigenze del cliente, dunque in relazione alla gestione in qualità dei diversi processi. Dopo aver lavorato nell'ambito di queste realtà – di cui nel frattempo ero diventato Responsabile del Sistema di Gestione della Qualità, ricoprendo anche diversi incarichi a livello dirigenziale – a un certo punto della mia vita e precisamente il 30 giugno 2004 ho deciso di costituire una mia Società, la Business Solutions, che si occupa tuttora di consulenza alle aziende, finalizzata alla certificazione dei Sistemi di Gestione. L'attività di questa Società, peraltro, non prevede solo l'auditing, ma anche la Consulenza per l'implementazione dei Sistemi di Gestione, la Formazione e la direzione aziendale – che svolgo assieme ai miei preziosi collaboratori per conto di realtà importanti a livello nazionale ed internazionale. Nell'ambito del perimetro di attività della Business Solutions, inoltre, abbiamo dato vita a un brand – Ecleaning – il cui *target* è costituito dalla progettazione e commercializzazione di prodotti antinquinamento, nell'ottica della protezione ambientale.

Il libro, d'altronde, proprio perché basato essenzialmente su una concreta e pluridecennale esperienza – che grazie a un iter multiforme e variegato mi ha consentito di approfondire la conoscenza non solo dell'auditing, ma anche di altri "mondi" lavorativi – attribuisce grande importanza ad alcuni aspetti particolari della professione di auditor. Questi possono essere desunti in ragione di una lunga pratica relativa all'audit, dunque di una conoscenza non superficiale o meramente didattica di normative e regolamenti, ma soprattutto di contesti, umanità e vita vissuta, quindi di alcuni momenti caratteristici della professione che sono ugualmente basilari e che devono essere appresi, specie da chi è un aspirante auditor. Si tratta, in particolare, di elementi solo in apparenza "sovrastrutturali" – i quali, a mio avviso, non possono essere compresi esclusivamente attraverso un corso di formazione e necessitano quindi di un ulteriore supporto – e che vanno invece considerati essenziali nella dinamica dell'auditing.

A questi fattori – ad esempio come comportarsi durante un audit, o magari come comunicare nel migliore dei modi con la parte auditata – il libro dedica un notevole spazio, caratterizzandosi proprio per questa attenzione marcata a fattori non riconducibili alla sola realtà "oggettiva" della professione, che al contrario viene qui illustrata e interpretata in virtù di un approccio fortemente soggettivo. Un auditor o un aspirante auditor, infatti, deve sempre tener presente che, mentre Lui (auditor) valuta esclusivamente la conformità e l'efficacia dei processi, l'auditato valuterà l'operato dell'auditor.

In ragione di ciò egli deve essere in grado di comunicare questa sua grande professionalità durante lo svolgimento dell'audit, senza però risultare borioso, tracotante, dunque antipatico in ultima analisi. Ciò anche perché il ruolo e la funzione dell'auditor – specie nel contesto di aziende piccole e medie – spesso sono percepiti come quelli del controllore non richiesto, se non del "rompiscatole", quindi si attivano istintivamente negli auditati alcuni meccanismi di "difesa" e reticenza, che possono complicare la valutazione dei processi. L'auditor, pertanto, deve essere molto bravo a muoversi e non di rado a districarsi all'interno questi contesti, che per lui non possono e non devono trasformarsi in una giungla o in un ginepraio, cioè in qualcosa che limiterebbe fortemente la sua attività, ostacolandola o addirittura impedendola. Per ovviare a questi problemi è fondamentale la conoscenza approfondita delle dinamiche inerenti alla comunicazione, al linguaggio, dunque a fattori che – se ben utilizzati – sono in grado di disinnescare questo genere di minacce o forse di semplici inconvenienti. Del resto l'auditor – occorre ricordarlo – non è affatto un "ispettore", quindi non è interessato ad attuare ispezioni; pertanto esiste una conseguente e sostanziale differenza tra queste due figure: non solo per quanto riguarda lo svolgersi effettivo della professione, ma anche in relazione ai comportamenti e agli atteggiamenti concreti da intraprendere nel corso dell'attività.Questi ultimi, infatti, da parte dell'auditor vanno attentamente modulati e calibrati, sempre tenendo ben presente ciò che rende la sua figura diversa rispetto a quella di un mero "controllore", dedito perlopiù a sorvegliare e a punire. Questa differenza strutturale non solo non va mai dimenticata ma, soprattutto, deve essere comunicata agli auditati in maniera semplice, efficace, razionale, appunto con l'obiettivo di impedire il manifestarsi di paure, reticenze e di timori a proposito della nostra professione, in larga misura ingiustificati.

Da grande farò l'auditor, in conclusione, si presenta come un valido strumento al fine di essere o di diventare un bravo ma soprattutto efficace auditor, ma in un'ottica che va al di là di un semplice corso di formazione. In questo testo, infatti, i consigli e i suggerimenti si affiancano in maniera armonica agli aspetti tecnici trattati. La coesione tra questi due elementi distinguerà l'operato dell'auditor elevando la professionalità di tutti coloro che faranno tesoro di quanto consigliato all'interno del testo.

Distinguersi e non Confondersi...questo è quello che in sintesi è il mio pensiero quotidiano che cerco anche in questo libro di tramettere anche all'esterno

Giovanni Piazza

1

CHE COSA È L'AUDIT

Audit, istruzioni per l'uso: breve storia, genesi e significato di un vocabolo

Prima di dare inizio a un'analisi sostanziale dell'audit – la sua natura, anche normativa, nonché la sua classificazione complessiva e i vantaggi concreti che essa è in grado di garantire una volta attuata – riteniamo opportuno addentrarci in un breve esame inerente al significato vero e proprio di questo termine, che solo di recente è entrato a far parte stabilmente del lessico degli italiani ma che in realtà ha una storia antica, una genesi complessa e che a nostro avviso vale la pena sintetizzare proprio per comprendere al meglio che cosa è l'audit. Attraverso il significato di una singola parola, pertanto, saremo in grado non solo di facilitare in via preliminare il compito al lettore – che dovrà prendere confidenza con una terminologia peculiare, di cui è bene conoscere ogni risvolto – bensì soprattutto di metterne in risalto alcune funzioni particolari, che non possono essere sottovalutate o ignorate, specie da chi si approccia per la prima volta a questa professione.

Audit infatti è un termine prettamente "tecnico", inerente a un linguaggio che è quello dell'economia e della finanza, sebbene in un senso più generico esso ricorra anche in contesti che sono quelli della gestione aziendale e dell'informatica. L'origine di questo vocabolo deve essere ricondotta al verbo latino *audire*, ovvero "ascoltare": personalmente ritengo tale derivazione la più importante, ovvero la più densa di significati e di concrete "indicazioni" per quanto riguarda lo svolgersi della professione di auditor che di fatto trova la propria caratteristica predominante proprio nell'ascolto. Tuttavia, come è accaduto per altri vocaboli divenuti di uso comune, anche questo termine ha subito un evidente influsso anglosassone, venendo quindi assunto in italiano nel significato che è stato direttamente mutuato dal verbo inglese *to audit*, ovvero rivedere i conti, controllare i bilanci. Non a caso la parola *auditing* è un sostantivo meramente mutuato dall'inglese, e come tale è stato "trasportato" di peso nella lingua italiana, divenendo anch'esso, al pari di *audit*, di uso comune.

La comparsa di questo vocabolo non è affatto "antica" nell'ambito della nostra lingua, nella quale è stato immesso piuttosto di recente: alcune fonti, infatti, la fanno risalire ai primi anni Novanta, mentre altre agli anni Ottanta. Assai più remota, invece, è la comparsa di *audit* nell'ambito della lingua inglese, dal momento che questa parola viene assunta ufficialmente intorno al XV secolo, ma anche in tal caso come diretta derivazione del termine latino *auditus*, participio passato di *audire*.

Poiché il vocabolo è giunto in Italia grazie alla mediazione di un'altra lingua, si è originato un dibattito circa la sua pronuncia e la sua declinazione, e del resto tali dubbi sono sostanzialmente leciti. Fermo restando che vi è una originaria pronuncia inglese – che può essere indicata come /òdit/ – sono tuttavia poche le fonti che, in realtà, attribuiscono a questa specifica pronuncia un carattere dominante nella nostra lingua. Ben più consistente, al contrario, è il retroterra bibliografico che assegna il primato alla pronuncia italianizzata /àudit/ – così rispettando, peraltro, le indicazioni contenute nelle norme ISO 9000:2015, che intendono "definire" in maniera ufficiale questo termine, in tutti i suoi risvolti – in modo da valorizzare non tanto il termine di derivazione inglese, quanto piuttosto la pronuncia latina. In questa maniera viene ad assumere un'importanza e un significato innegabili proprio l'origine latina di *audit*, che spiega dunque il suo positivo ambientarsi nella lingua italiana.

Poiché questo termine è comunque un anglismo che è stato assunto nel lessico della nostra lingua, la parola risulta invariabile, dunque in contesti italiani il plurale *audits* non deve essere usato. È inoltre opportuno non confondere questa parola con altre di uso comune, e che possono apparire simili o magari identiche solo a occhi e a orecchi disattenti.

Vi è, però, un vocabolo che deriva direttamente dal latino *audire* e che pure ha un significato particolare, del tutto diverso da quello attribuito ad *audit*: *audizione*. Questo termine può indicare alternativamente la prova di ascolto di un programma, specie radiofonico, prima della sua trasmissione; oppure la prova delle qualità professionali o dell'attitudine per una determinata parte o ruolo sostenuto da un cantante o da un attore, comportandosi quindi sostanzialmente come un sinonimo di *provino*. Il vocabolo *audizione*, inoltre, viene assunto nel linguaggio giuridico, equivalendo ad ascolto di una deposizione, perlopiù di un testimone in tribunale; mentre nel linguaggio parlamentare *audizione* si riconnette all'"originario" significato di "ascolto", dal momento che in parlamento una *audizione* è l'atto con cui viene presentata una proposta o discusso un problema, appunto nell'ambito dell'organo politico che esercita il potere legislativo.

È utile ricordare, infine, che esistono due vocaboli formalmente derivati da *audit*, cioè *auditing* e *auditor*: Entrambi sono registrati dalle fonti come termini di diretta derivazione inglese, tuttavia la loro immissione nella lingua italiana è antecedente a quella della parola *audit* e addirittura risale agli anni Settanta. Sia *auditing* che *auditor*, nondimeno, al contrario del termine originario conservano – o, perlomeno, dovrebbero conservare secondo la maggior parte delle fonti accreditate – la pronuncia inglese: /òditing/ e /òditor/.

Per quanto riguarda invece il vocabolo che sta a indicare il soggetto sottoposto ad *audit*, ovvero il cosiddetto *auditato*, non vi è ancora una registrazione o immissione "ufficiale" di questa parola nella lingua italiana, sebbene essa circoli liberamente come forma gergale e colloquiale. Va comunque precisato che ormai tantissime aziende utilizzano in maniera massiccia il verbo *auditare*, quindi anche il suo participio passato *auditato*, vale a dire "sottoposto ad audit".

Classificazione e definizione dell'audit

Da grande farò l'auditor intende fornire una serie di consigli al lettore, basati su un'esperienza dell'autore di oltre trent'anni nelle tecniche di auditing e in quella che è la professione dell'auditor. Il tentativo del libro, pertanto, è spiegare in maniera semplice i cosiddetti "trucchi del mestiere" in quest'ambito complessivo. In tal senso è di grande importanza precisare che l'audit si basa su due documenti fondamentali, i quali in qualche modo regolano e disciplinano le cosiddette metodiche dell'audit e, in egual misura, sono in grado di fornire indicazioni a proposito della loro concreta applicazione. Ad oggi questi documenti capaci di normare le attività di auditing sono la Norma ISO 17021 e la "Linea Guida" ISO 19011.

È fondamentale, in quest'ottica, comprendere le differenze e le analogie esistenti fra la ISO 19011 e la ISO 17021. Ci troviamo effettivamente in presenza di documenti che al loro interno e nel loro reciproco raffronto hanno evidenti analogie ma manifestano, in egual misura, profonde differenze. La prima analogia che salta agli occhi è che alcuni termini e concetti richiamati nell'una e nell'altra ISO sono esattamente identici e hanno anche lo stesso scopo, quindi la stessa funzione. Ciò nondimeno all'interno dei due documenti altri aspetti e passaggi, che sembrano avere la medesima funzione e a prima vista appaiono simili, a un esame più attento risultano in realtà diversi, se non altro per quanto riguarda l'accezione (requisito/consiglio) e la periodicità di esecuzione. Può essere utile in tal senso un esempio: quando guardiamo il programma di audit o il piano di audit che sono richiamati e descritti in entrambe le ISO, ci accorgiamo in realtà che pur essendo sostanzialmente identici, risulta tuttavia differente la maniera in cui essi vengono composti e implementati ed attuati nell'uno e nell'altro caso.

La differenza maggiore fra le due ISO consiste nel fatto che, mentre la 19011 è una guida sullo svolgimento degli audit interni alle organizzazioni (audit di prima parte) e presso fornitori (audit di seconda parte), la 17021 invece è Norma. Come tale, pertanto, essa elenca i requisiti che *devono* necessariamente possedere gli Enti di Certificazione, nonché i requisiti di pianificazione e di attuazione degli audit di terza parte, ovvero gli audit svolti dagli Enti di Certificazione al fine di emettere certificazioni di Sistema.

Rispetto a tutto ciò è essenziale mettere il lettore nelle condizioni di avere un quadro esaustivo circa le metodiche che sono allineate a entrambe le ISO. Tali metodiche riguardano la possibilità di pianificare, eseguire, valutare e migliorare ogni aspetto legato al processo di audit. Quest'ultimo infatti va considerato un processo sistematico, indipendente e documentato, che ha lo scopo di verificare il grado di conformità. Un auditor, pertanto, è un valutatore di conformità, che nell'ambito della sua attività deve valutare – dunque far trasparire nel migliore dei modi – tutto ciò che è conforme. Questa del resto è la *mission* dell'auditor, così come la troviamo descritta nei documenti di riferimento suindicati, appunto la ISO 19011 e la ISO 17021.

In ragione di ciò l'audit può essere definito un processo sistematico, indipendente e documentato, al fine di ottenere le evidenze e di verificarle con obiettività, nonché di stabilire in quale misura i criteri di conformità sono stati soddisfatti. L'audit va quindi ritenuto "indipendente" da tutti i processi che possono essere attivi nell'ambito di una organizzazione. Ci tengo a precisare che la scelta di parlare di organizzazione non è casuale bensì voluta in quanto utilizzare i termini Azienda, Società o Ditta potrebbe sembrare riduttivo proprio per il fatto che l'attività di audit può essere attuata in qualsivoglia tipo di organizzazione indipendentemente dalla sua natura giuridica e/o dall'attività economica e merceologica svolta. Deve inoltre essere "documentato" perché si interfaccia con i Sistemi di Gestione implementati all'interno delle organizzazioni e perché alla base dell'attività di auditing vi è la tracciabilità. Per questi motivi l'audit deve essere sempre documentato e documentabile, mentre il suo scopo è trovare evidenze che vanno valutate con obiettività, così da comprendere in quale misura i criteri dell'audit siano stati soddisfatti. L'audit, infine, è sempre "sistematico" perché nel tempo – appunto in maniera sistematica – viene ripetuto: gli audit di prima e di seconda parte sono infatti ripetuti sistematicamente sulla base di un programma di audit definito dall'Alta Direzione di una organizzazione, mentre in quelli di terza parte è definito un programma triennale che stabilisce esattamente la sistematicità nei tre anni dell'attività di audit.

I criteri dell'audit sono in realtà tutte quelle normative, quei regolamenti ma anche quel complesso di pratiche concrete che sono alla base dell'attività di auditing. Per facilitare la comprensione possiamo citare, tra i criteri dell'audit, le procedure interne, le Istruzioni Operative, i Manuali che un'organizzazione implementa per regolare il corretto funzionamento dei propri processi, oppure un manuale d'istruzione d'uso di un macchinario oppure tutte le Leggi e Normative cogenti applicabili al prodotto o servizio erogato. In buona sostanza l'auditor verifica in quale misura questi criteri dell'audit sono conformi rispetto a ciò che caratterizza una determinata attività. L'auditor, infatti, va considerato un ricercatore di conformità e la sua *mission* è valutare che vi sia una effettiva corrispondenza fra quanto un'organizzazione afferma di mettere in pratica – attraverso regole, norme, procedure, istruzioni operative, ecc. – e ciò che essa realmente è in grado di attuare nel rispetto di determinati criteri.

Nella sua valutazione, naturalmente, l'auditor darà evidenza soprattutto a quelle che sono definite le "conformità". L'audit, pertanto, è una valutazione della conformità tra quanto è stato documentato all'interno del Sistema di Gestione dell'organizzazione e quanto è stato effettivamente svolto da questa medesima organizzazione. In ragione di ciò l'audit va considerato uno straordinario strumento per il controllo e il miglioramento dei processi aziendali. Esso, infatti, in mano alla Direzione delle organizzazioni, può aiutare enormemente il monitoraggio dei processi, quindi documenta il coinvolgimento del personale e diminuisce la probabilità di riscontrare situazioni, prodotti o processi non conformi. Quanto più vi è attività di auditing, tanto minore è la possibilità di imbattersi in situazioni non conformi, appunto perché nell'organizzazione sottoposta a tale procedura vi è un controllo costante.

Proprio in virtù di queste sue intrinseche caratteristiche, l'auditor è un soggetto che valuta i processi e non l'operato delle singole persone. È infatti di grande importanza ricordare questa regola appena enunciata, secondo la quale l'audit si fonda appunto sulla valutazione dei processi e non sulla valutazione delle persone. Questo è un elemento costitutivo del lavoro dell'auditor, inscindibile dalla sua figura e che deve essere sempre tenuto a mente. È molto importante ricordare, in tal senso, che se l'auditor valuta i processi e non le persone, le persone che sono oggetto di auditing (dipendenti collaboratori ecc...), al contrario, valutano sempre la figura dell'auditor, su cui esprimono doverosamente un giudizio. L'auditor infatti è tenuto ad operare secondo principii deontologici ben precisi, che determinano la correttezza del suo comportamento e la qualità del suo operato. Nell'auditing, pertanto, non può esservi valutazione soggettiva dei fatti e delle persone; è al contrario l'oggettività l'elemento costitutivo della professione dell'auditor, il quale deve parametrare e basare la sua valutazione esclusivamente sui requisiti applicabili, a seconda della tipologia di audit.

Per questi motivi è altrettanto basilare considerare un ulteriore aspetto in questa attività, ovvero che l'audit non può essere utilizzato mai come uno strumento punitivo. È infatti impensabile realizzare un'attività di auditing e di verifica di un determinato processo al solo scopo di punire i responsabili – veri o presunti – di un'infrazione o di un errore: l'audit non può avere una funzione puramente coercitiva e in nessun caso questa potrà essere la sua *mission* o la sua strategia.

I vari tipi di audit

La normativa suindicata – ISO 19011 e ISO 17021 – stabilisce nel complesso e in certa misura enuncia le tre fondamentali tipologie di audit, che per un esito di massima chiarezza riportiamo in una apposita tabella.

Tipo di Audit	INT EXT	Criteri	Consulenza	Output	Documento riferimento
Prima Parte	INT	Sist. Gest-Norma/e Leggi	SI	Autodichiarazione Conformità	Linea Guida UNI EN ISO 19011:2018
Seconda Parte	EXT	Sist. Gest. Contratto Norma	SI	Selezione, Valutazione, Rivalutazione	Linea Guida UNI EN ISO 19011:2018
Terza Parte	EXT	Sist. Gest. Norma/e Leggi	NO	Certificazione	Norma UNI CEI EN ISO IEC 17021-1:2015

Il cosiddetto *audit di prima parte* è interno, ovvero viene svolto all'interno di un'organizzazione allo scopo di valutarne il Sistema di Gestione, un processo, un'attività, una procedura. In questi casi, ad esempio, si rende necessario verificare se una legge è applicata correttamente ed è rispettata nell'ambito di un determinato processo o di una specifica organizzazione. Questo audit di prima parte, pertanto, può essere ritenuto una sorta di autodichiarazione di conformità: in buona sostanza l'auditor dichiara conforme o eventualmente non conforme un processo, un'attività, una procedura.

Va da sé che l'auditor incaricato della verifica sul processo di un'organizzazione, dovrà essere indipendente rispetto al processo valutato al fine di garantire una maggiore imparzialità dell'audit (concetto questo che per gli audit interni diventa requisito nel momento in cui un'organizzazione intende certificare il proprio Sistema di Gestione). Pertanto, ad esempio, l'audit interno sul processo del "controllo qualità" di un'organizzazione non potrà essere svolto dal Responsabile del controllo qualità proprio per non ricadere nella situazione di "controllore – controllato" ovvero di possibile minaccia all'imparzialità.

Nell'audit di prima parte è consentito fare consulenza, ovvero l'auditor può – se la Direzione dell'organizzazione, che gli conferisce il mandato, lo permette – svolgere attività in qualità di Consulente. In questo modo egli non solo valuta e verifica la correttezza del Sistema di Gestione dell'organizzazione ma, da Consulente, può anche supportare l'Alta Direzione e proporre rimedi e interventi al fine di migliorare e ottimizzare singoli aspetti, che l'audit ha rilevato come anomali, critici o comunque migliorabili.

L'audit di seconda parte, invece, è esterno, perché si svolge all'esterno dell'organizzazione che ha dato mandato all'auditor di effettuare la valutazione. Anche l'audit di seconda parte viene svolto sulla base dei Sistemi di Gestione, quindi delle procedure interne all'organizzazione. Il requisito fondamentale dell'audit di seconda parte è legato a un contratto: l'auditor infatti in questo caso verifica, presso il cosiddetto "fornitore" di un'organizzazione, se i requisiti di uno specifico contratto sottoscritto da ambo le parti – cioè dall'organizzazione e, appunto, dal fornitore esterno – vengono rispettati.

Negli ultimi tempi, peraltro, l'audit di seconda parte è decisamente in voga, in special modo per quanto riguarda i *brand* internazionali, anche perché questa tipologia di audit concerne in maniera specifica il rapporto cliente-fornitore: un singolo *brand* nel settore della moda, poniamo il caso, o magari dell'energia – ad esempio l'Enel – può infatti decidere di effettuare un audit di seconda parte ai propri fornitori, per verificare il livello di conformità del contratto che questi stessi fornitori hanno sottoscritto con l'organizzazione. Nel caso dell'Enel, il fornitore potrebbe essere un soggetto che fa manutenzione di centrali elettriche Enel potrebbe essere interessata a effettuare un audit di seconda parte per verificare se il fornitore è in grado di rispettare i termini del contratto che ha sottoscritto.

L'audit di seconda parte lo possiamo anche definire un ottimo strumento non solo per la valutazione dei fornitori già in essere di un'organizzazione, ma può essere utilizzato anche come strumento per selezionare un nuovo fornitore. Attraverso gli esiti dell'attività di audit di seconda parte infatti un'organizzazione può valutare tra diversi fornitori quello maggiormente in grado di soddisfare le esigenze della fornitura (o di una commessa). L'organizzazione, grazie all'audit di seconda parte, può farsi un'idea precisa e documentata circa l'affidabilità dei propri fornitori, decidendo quindi quali sono da confermare e quali da eliminare; o magari – sulla base delle evidenze emerse al termine della valutazione – ridiscutere e ridefinire completamente i termini del contratto che lega la stessa organizzazione ad alcuni di questi fornitori.

Anche in questa tipologia di audit vi è la possibilità che l'auditor svolga attività di Consulenza ed egli quindi è nelle condizioni di aiutare e supportare il fornitore in merito a situazioni specifiche e a determinati processi che necessitano di migliorie e di revisioni, anch'esse emerse durante la valutazione. L'attività di consulenza da parte dell'auditor nei confronti dei fornitori dell'organizzazione è una possibilità nell'audit di seconda parte, ma non un obbligo. Per quanto riguarda questa specifica tipologia di audit occorre anche precisare che, spesso, le grandi organizzazioni chiedono espressamente all'auditor di svolgere attività di consulenza presso i fornitori nell'ottica di un reciproco beneficio, tale da rinsaldare il rapporto con questi ultimi appunto grazie all'auditing.

Soprattutto le grandi aziende, infatti, mettono a disposizione dei fornitori la professionalità di un auditor, in modo che questa figura svolga attività di auditing in azienda e contemporaneamente agisca come consulente presso i fornitori, così da ottimizzarne nel complesso le prestazioni. Vi è tuttavia un altro genere di aziende, le quali precisano chiaramente e preventivamente che in un audit di seconda parte non vi può essere, da parte dell'auditor, nessun genere di consulenza. In tal caso la procedura complessiva sarà diversa, perché l'auditor dovrà stilare un rapporto finale della sua attività, che sarà consegnato all'azienda, cioè al committente, il quale poi andrà direttamente dal fornitore a segnalare i risultati della valutazione. Tali risultati, ovviamente, possono essere di varia natura.

Sempre rimanendo all'esempio dell'Enel, in un audit di seconda parte una organizzazione di questo tipo può conferire mandato all'auditor di effettuare una valutazione di un singolo fornitore; se dalla relazione finale emergono determinate criticità nel rapporto fra l'organizzazione Enel e il fornitore oggetto dell'audit, e soprattutto se l'auditor fornisce in ultima analisi una valutazione al committente Enel, in un audit di seconda parte è comunque il committente a decidere in merito al rapporto con il fornitore, a prescindere dalla valutazione espressa dall'auditor. Insomma non è l'auditor che "decide" alcunché, proprio perché egli si interfaccia semplicemente con il committente, ovvero con l'organizzazione a cui sono demandate in ogni caso le scelte finali circa il rapporto con i singoli fornitori.

Nell'audit di prima e di seconda parte – occorre precisare – non vi è una normativa stringente in grado di disciplinare rigidamente tale attività, bensì semplicemente alcune "linee guida". Gli audit di prima e di seconda parte, pertanto, sono richiamati e descritti dalla succitata ISO 19011, che è appunto una Linea Guida, la quale si limita a indicare una serie di opportunità e soprattutto di comportamenti che l'auditor dovrebbe rispettare nella sua attività. Dunque la ISO 19011 proprio perché è una Linea Guida non impone requisiti, bensì apre alla possibilità di personalizzare al massimo le modalità di svolgimento e di attuazione dell'auditing. Essa, dunque, consiglia e suggerisce come pianificare, attuare e verificare l'attività di audit, indica le competenze che dovrebbe possedere il personale sottoposto a tale valutazione.

È nel cosiddetto *audit di terza parte*, invece, che lo scenario è sensibilmente differente. Anche questo tipo di audit è "esterno", perché si svolge all'esterno dell'organizzazione committente. A differenza dell'audit di prima parte – che come *output* ha una autodichiarazione di conformità – l'audit di terza parte ha invece come *output* il rilascio della Certificazione del Sistema di Gestione di un'organizzazione.

È importante specificare che la Certificazione dei Sistemi di Gestione – appunto grazie all'audit di terza parte – passa sempre attraverso un fattore che è necessariamente di tipo "volontario". Esiste infatti un vero e proprio "mercato" delle certificazioni che possono essere richieste dalle organizzazioni, il quale però non ha quasi mai – se non in qualche minimo caso – quei requisiti fondamentali sul piano giuridico in grado di normarlo in maniera rigorosa. Ecco perché l'elemento volontario – in un contesto normativo, del resto, ancora lacunoso – è fondamentale e in certo modo imprescindibile nell'audit di terza parte.

Le organizzazioni, pertanto, decidono di procedere a un audit di terza parte e alla relativa certificazione dei propri Sistemi di Gestione non perché vi siano una o più leggi che glielo impongono, ma perché esse stesse – appunto volontariamente – sono portate a pronunciarsi in tal senso. È pur vero che, ormai, per quanto riguarda determinate realtà siamo in presenza di contesti di riferimento nei quali essere privi di questo genere di certificazione inerente al proprio sistema di gestione equivale a una gravissima mancanza, che elimina automaticamente l'organizzazione dal contesto medesimo. In questi casi specifici, sebbene l'audit di terza parte e la relativa certificazione del sistema di gestione siano *de jure* ancora "volontari", *de facto* vanno ormai considerati "obbligatori".

È importante ricordare che nell'audit di terza parte abbiamo un principio (requisito di Norma) che parla di "imparzialità del processo di audit" e pertanto ciò implica che il team di audit che dovrà svolgere l'audit presso un'organizzazione non abbia nessun tipo di conflitto di interessi di familiarità con la stessa (non essere pertanto un parente, un consulente esterno o un collaboratore dell'organizzazione oggetto di audit).

Nell'audit di terza parte, infine, è severamente vietato all'auditor effettuare attività di Consulenza: è infatti la ISO 17021 a impedire del tutto questa eventualità. Inoltre, se nell'audit di prima e di seconda parte vi sono esclusivamente linee guida inerenti alla possibilità o meno per un auditor di svolgere Consulenza, nell'audit di terza parte siamo invece in presenza di requisiti normativi ben precisi. Nel caso dell'audit di prima e di seconda parte, infatti, la linea guida è in grado semplicemente di dispensare alcuni consigli e, sulla base di questi stessi "consigli", è poi l'organizzazione – committente dell'audit – a stabilire il requisito in virtù del quale all'auditor è consentito effettuare attività di consulenza. In tal caso, pertanto, non esiste una normativa che stabilisce i suddetti requisiti indipendentemente dalla volontà e dalle decisioni prese dalle singole organizzazioni interessate e, soprattutto, committenti dell'audit. Nell'audit di terza parte, invece, i requisiti sono già stabiliti dalla normativa, quindi non si possono modificare: sono quelli, *sic et simpliciter*, e non vengono accettate deroghe.

Per quanto riguarda le suindicate ISO, peraltro, è bene ricordare che si tratta di Norme Internazionali, applicabili cioè in tutto il Mondo. Nei miei corsi sono solito portare questo esempio: l'auditor che si trova, di volta in volta, dinanzi a flebili linee guida o al contrario a una normativa inequivocabile e dirimente, è paragonabile a uno sciatore che prima di una discesa abbia il dilemma di due possibili cancelli dai quali partire. Nel caso della linea guida, egli avrà dinanzi a sé una discesa totalmente "libera", ovvero priva di qualsiasi genere di "paletti"; anche perché la linea guida non impone obblighi né divieti, ma fornisce solo generiche indicazioni di posizionamento, lasciando spazio a dinamiche incentrate sulla volontà del singolo e più in generale sulle capacità individuali, quindi su un'abbondante dose di discrezionalità nel complesso.

Nel secondo caso, al contrario, lo sciatore si trova a gareggiare su una pista il cui tracciato è rigorosamente indicato e segnato da "paletti", ovvero da una normativa stringente, che impone un percorso ben preciso. In tal caso è dunque impossibile per l'auditor spostare o ignorare questi stessi "paletti", ottenendo in qualche modo deroghe o modifiche, dal momento che le Norme in vigore sono categoriche, rigide e soprattutto determinate da terzi, ovvero né dalle organizzazioni interessate e committenti, né dallo stesso auditor. Nel caso di infrazioni da parte dell'auditor o in presenza dell'incapacità dell'organizzazione a soddisfare determinati requisiti, quindi di rispettare le suddette Norme, si va incontro a una vera e propria Non Conformità dell'intera attività di auditing.

I vantaggi dell'audit

In ragione di quel che abbiamo scritto finora possiamo dire che l'audit è innanzi tutto una valutazione di conformità, utile nondimeno a verificare anche l'efficacia dei processi. In tal senso ci sembra importante sottolineare che, quando si fa una valutazione di conformità, è doveroso operare uno *step* ulteriore e in certa misura inevitabile, cioè verificare l'efficacia di un processo nell'ambito dell'attività di una determinata organizzazione. Paradossalmente, infatti, si potrebbe anche essere "conformi" nel quadro di un processo, senza però risultare realmente "efficaci": sta quindi all'auditor essere in grado di verificare, accanto alla conformità, soprattutto l'efficacia di un processo. Spingersi su questo terreno e in questo specifico contesto, infatti, è assolutamente necessario all'auditing e non si tratta affatto di un elemento secondario.

Anche per questo motivo l'audit appare uno strumento idoneo alla raccolta di informazioni inerenti all'organizzazione, nonché al coinvolgimento del personale circa gli aspetti concernenti il Sistema di Gestione. Le informazioni e i dati che si raccolgono grazie all'audit, infatti, risultano di grande utilità nell'elaborazione di uno dei documenti alla base di tutti i Sistemi di Gestione, ovvero il cosiddetto Riesame di

Direzione. Il Riesame di Direzione è un processo dal quale scaturisce un'informazione documentata, cioè un documento tracciabile nel quale si evidenziano due aspetti centrali, che peraltro si trovano nelle Norme di sistema che abbiamo già indicato.

Una parte di questo Riesame, infatti, raggruppa tutti quegli elementi che tecnicamente vengono definiti di *input*: in tal caso, pertanto, siamo in presenza di una rendicontazione relativa a quel che è stato operato e attuato in un arco cronologico definito. Nella seconda parte del Riesame, invece, sulla base delle informazioni che sono state rendicontate nella prima parte, si vanno a inserire gli obiettivi di miglioramento futuri: ad esempio, in virtù della rendicontazione di un anno di attività, nel Riesame di Direzione verranno individuati e stabiliti gli obiettivi di miglioramento dei singoli processi. Per facilitare la comprensione possiamo dire che il Riesame della Direzione come detto è processo da cui scaturisce un documento (informazione documentata) che "fotografa" lo stato del Sistema di Gestione in un determinato periodo riportando indicatori circa l'efficacia e la conformità dei processi (elementi di input) e esponendo gli obiettivi futuri di miglioramento (elementi di output). In tal senso occorre pensare all'audit come a uno strumento utile e fondamentale per il continuo miglioramento dei processi e delle attività di un'organizzazione: questo principio è alla base di tutto il funzionamento dei Sistemi di Gestione e il suo fine ultimo, non a caso, è la drastica riduzione del rischio di Non Conformità.

A questo punto del libro è necessario indicare espressamente i vantaggi di un audit di prima parte. Innanzi tutto nel descrivere i vantaggi che si hanno nell'effettuarlo, dobbiamo ricordare che questo genere di audit ha una peculiarità: se un'organizzazione decide di implementare all'interno della propria struttura un Sistema di Gestione conforme a uno degli standard ISO, è bene sapere che tutti i Sistemi di Gestione hanno al loro interno un punto Norma specifico che richiama l'obbligatorietà di effettuare un'attività di audit di prima parte.

Si è quindi "costretti", in certo modo, nel quadro di Sistemi di Gestione certificabili, a effettuare un audit di prima parte. Questo, inoltre, come già detto si rivela uno strumento particolarmente idoneo a coinvolgere nel migliore dei modi il personale dell'organizzazione, aumentandone anche la consapevolezza in merito all'importanza delle attività svolte. L'audit di prima parte dà anche l'opportunità alla Direzione dell'organizzazione – ovvero al committente dell'audit – di ottenere un maggior controllo, nonché di migliorare i processi della stessa organizzazione. Questa modalità, non a caso, fa sì che vengano tenuti sotto controllo i processi: più un processo è critico, infatti, più sarà possibile – appunto grazie all'audit – monitorarlo e, conseguentemente, ridurne i rischi nonché gli aspetti problematici e di criticità.

Passiamo ora a elencare i vantaggi dell'esecuzione di un audit di seconda parte. Innanzi tutto esso è un ottimo strumento per quanto riguarda la selezione, la valutazione e la rivalutazione dei fornitori. L'audit di seconda parte, inoltre, è estremamente utile per attuare i cosiddetti programmi di *Just in Time* (JIT), i quali mettono il fornitore nelle condizioni di garantire rapidamente all'organizzazione interessata determinati prodotti o servizi. Sappiamo infatti che oggi, specie in alcuni comparti e ambiti di mercato, è fondamentale per le aziende poter usufruire di fornitori che in un arco di tempo estremamente breve siano in grado di garantire un prodotto, quindi senza costringere l'azienda a doverne fare preventivamente provvigione, anche perché l'approvvigionamento a magazzino ha un costo non indifferente. Pertanto individuare – grazie a un audit di seconda parte – un fornitore che in tempi rapidi sia capace di assicurare all'azienda un determinato prodotto o servizio, costituisce un *plus*, ovvero un elemento positivo nell'ambito dell'intera attività economica dell'azienda, che in questo modo sarà concretamente ottimizzata.

Naturalmente se questo processo virtuoso può essere attuato grazie a un audit di seconda parte, esso va considerato uno strumento di grande utilità. L'audit di seconda parte, inoltre, proprio perché attua un controllo e un monitoraggio costanti sulle attività dei fornitori, favorisce la crescita sia di questi ultimi, sia dell'organizzazione o dell'azienda che se ne serve, migliorando quindi enormemente i rispettivi benefici che le parti possono trarre dal loro rapporto. L'audit, pertanto, consente di valutare costantemente – e non già *una tantum* – le attività dei fornitori, che ovviamente vanno verificate e monitorate lungo un arco di tempo che deve essere simile a un *continuum* e come tale va preso in considerazione. Infine l'audit di seconda parte può essere un valido strumento anche per la selezione di un nuovo fornitore. Sappiamo bene come, soprattutto in certi ambiti, la scelta di un fornitore per un'organizzazione sia fondamentale per garantire la conformità dei propri prodotti o servizi e tale scelta deve essere ponderata, studiata e basata su evidenze oggettive circa la capacità del fornitore di rispondere alle peculiarità e alle specifiche tecniche imposte dalle organizzazioni. Attraverso l'audit di seconda parte quindi un'organizzazione può raccogliere queste informazioni e selezionare il fornitore che, durante l'audit, si è dimostrato maggiormente in grado di rispondere alle esigenze di fornitura.

Quali sono, infine, i vantaggi di un audit di terza parte? Proprio perché fanno riferimento non a generiche linee guida – come quelli di prima e di seconda parte – bensì a una specifica normativa, ovvero alla ISO 17021, gli audit di terza parte garantiscono il riconoscimento di conformità a una Norma Internazionale elaborata da un Ente terzo, vale a dire non identificabile in alcun modo né con l'auditor né con l'organizzazione committente o quella oggetto di auditing. Un audit di terza parte, inoltre, aumenta la visibilità dell'organizzazione nei mercati di riferimento, ma è in grado anche di facilitare l'accesso nelle *vendor list* di determinati soggetti, cioè di clienti che oggi non a caso chiedono esplicitamente all'organizzazione o all'azienda di venire in possesso di quella specifica certificazione che può essere prodotta proprio grazie a un audit di terza parte.

Se infatti in alcuni mercati non vi è l'obbligo di essere in possesso di una certificazione di questo tipo, ovvero basata su uno Standard Internazionale e, quindi, non vi è l'obbligo di avvalersi di un audit di terza parte, è altresì vero che l'ottenimento di una certificazione del genere diminuisce e riduce l'eventualità di ricorrere ad audit di seconda parte. Se infatti un *brand* è in possesso di una certificazione garantita da un audit di terza parte relativamente a un suo fornitore, può evitare di doverlo sottoporre a un audit di seconda parte per verificare se sono pienamente rispettate e in vigore le attività richiamate nel contratto che è stato sottoscritto fra l'organizzazione e lo stesso fornitore. In ultima analisi, pertanto, per un'organizzazione possedere una certificazione di sistema ottenuta da un Ente terzo significa ridurre sensibilmente l'esigenza di svolgere – da parte dei clienti – audit di seconda parte: ciò perché questo genere di certificazione è di per sé una garanzia sull'efficacia e sull'efficienza del Sistema di Gestione.

2

CHI È L'AUDITOR

L'auditor e la comunicazione

Dopo esserci occupati dell'audit in tutte le sue possibili forme e classificazioni, nella seconda parte del libro ci dedicheremo in maniera specifica e approfondita a chi rende possibile l'attività di auditing, vale a dire la figura dell'auditor, che andremo a delineare in ogni suo aspetto, anche in quelli apparentemente più inconsueti. Mi sembra utile iniziare questo segmento del libro, non a caso, affrontando subito il tema della comunicazione, quindi della sua importanza se non addirittura della sua centralità per quanto riguarda la nostra professione. È fondamentale ricordare, infatti, che l'auditor deve essere sempre un grande comunicatore, quindi un soggetto costantemente in grado di costruire una comunicazione efficace e puntuale con la parte auditata.

Proviamo pertanto a prendere in considerazione alcuni possibili scenari in tal senso, al fine di ricavarne insegnamenti preziosi e qualche suggerimento. Innanzi tutto è necessario che il canale di comunicazione utilizzato dall'auditor sia chiaro, semplice, decifrabile e dunque perfettamente comprensibile alle parti interessate. Se ad esempio l'attività di auditing si svolge a livello Internazionale o, comunque, attraverso modalità linguistiche diverse dall'italiano, è indispensabile che l'auditor si metta in connessione con la lingua dei suoi interlocutori, ovvero con le loro concrete modalità espressive. Ciò deve avvenire anche nel caso in cui l'auditato parli in dialetto, perché non sono insolite situazioni e contesti particolari, in cui si rende necessario per l'auditor anche questo genere di conoscenza.

Da parte dell'auditor, nondimeno, sul piano della comunicazione l'aspetto basilare è costituito dalla capacità che egli ha nel mettere a proprio agio gli interlocutori, rendendo così realmente efficace e produttiva l'intera attività di auditing. In tal senso la comunicazione rappresenta un elemento nient'affatto secondario – come pure potrebbe sembrare a una lettura superficiale e datata dell'audit – bensì essenziale e imprescindibile. Per ottenere ottimi risultati, peraltro, è necessario modulare la propria strategia comunicativa in modo attento e accurato, perlopiù attraverso un *mix* di comunicazione verbale e non verbale.

Risultano di grande importanza, in quest'ambito peculiare, anche gli atteggiamenti e i comportamenti concreti che l'auditor di volta in volta è in grado di dispiegare: dalla maniera di vestirsi – una persona, d'altronde, comunica anche attraverso il proprio abbigliamento – e di parlare fino al livello di educazione personale e di *savoir-faire*, nonché al tono e al volume complessivo della voce. Il famoso proverbio *l'abito non fa il monaco*, pertanto, nel nostro caso va decisamente accantonato e non preso in considerazione, perché l'estetica e perfino l'apparenza di un individuo – nella fattispecie l'auditor – giocano un ruolo fondamentale sul piano comunicativo.

Tutto ciò, peraltro, avviene a un livello immediato, e fa sì che attraverso tali modalità un soggetto sia subito riconoscibile, identificabile e sulla sua persona infatti venga espresso un primo importante "giudizio" da parte degli interlocutori. Presentarsi correttamente nell'attività di auditing, pertanto, è un elemento straordinariamente utile, in ragione del quale l'auditor lancia – se così possiamo dire – un messaggio, che la parte auditata deve poter recepire nella maniera più semplice ed efficace.

Per queste ragioni l'auditor non può mai dimenticare – preferibilmente nel corso di audit di prima e di seconda parte, ma doverosamente in un audit di terza parte – che egli durante il suo lavoro si reca in un certo senso in casa d'altri, ovvero va a svolgere un'attività a tutti gli effetti "esterna", la quale implica inevitabilmente il possesso di qualità personali come il rispetto, l'educazione, la riservatezza. Del resto quando ci si reca in casa d'altri, di solito lo si fa abbigliati nella maniera più adeguata, ben attenti a non urtare la sensibilità altrui e ciò può avvenire anche grazie al proprio *outfit*.

Essere abbigliati a regola d'arte, infatti, in determinati contesti implica il rispetto immediato da parte degli interlocutori, che saranno naturalmente portati a prendere in considerazione l'auditor vestito in modo corretto rispetto a quello che non lo è. Sapersi vestire, pertanto, e soprattutto indovinare l'abbigliamento più idoneo al contesto in cui si svolge l'audit, significa in buona sostanza saper comunicare. Può sembrar banale ma l'auditor trasmette professionalità anche attraverso un consono abbigliamento "intonato" al contesto e mi permetto di dire che addirittura è il primo metro di misura con il quale l'auditato giudica la professionalità dell'auditor. Ribaltando il famoso proverbio, quindi, potremmo dire che in realtà *l'abito fa il monaco* e che esso in larga misura determina un elemento basilare nella comunicazione di un auditor, di cui questi non può non tener conto, perché tale fattore a ben vedere è capace di ripercuotersi positivamente o negativamente sulla sua intera attività.

Nei miei corsi, non a caso, io sono sempre molto attento a ricordare alcuni aspetti che ritengo centrali per l'elaborazione di una buona strategia comunicativa di un auditor: essere consci del contesto nel quale si opera, dunque presentarsi – e, come abbiamo detto, abbigliarsi – di conseguenza, impostando così nella maniera migliore e più efficace sia il rapporto con la parte auditata, sia il proprio lavoro. L'estetica di un individuo, pertanto, nonché i suoi comportamenti – la mimica, il sorriso, l'inflessione della voce, lo sguardo ecc. – contribuiscono in larga misura a una pianificazione ottimale dell'audit.

In quest'ambito, ovviamente, gioca un ruolo tutt'altro che secondario la comunicazione verbale, sebbene la strategia ideale di un auditor preveda necessariamente – come già scritto – un giusto equilibrio fra comunicazione verbale e non verbale. In tal senso, ad esempio, nel presentarsi agli auditati è utile modulare una comunicazione verbale che sia in grado, sin dall'inizio, di non dare mai nulla per scontato, anche perché ciò che è chiaro a noi può non esserlo agli altri. È di grande importanza, inoltre, utilizzare sempre un linguaggio semplice e immediatamente comprensibile per l'interlocutore: l'auditor deve accertarsi che quel che è stato detto venga perfettamente compreso dall'auditato, in ogni suo risvolto. In assenza di modalità linguistiche semplici ed efficaci, pertanto, questo obiettivo rischia di non essere raggiunto dall'auditor.

Il suo peso, nell'ambito di una strategia comunicativa complessiva e corretta, lo ha anche la comunicazione non verbale. Il carattere immediato di un gesto, di un ammiccamento, di un sorriso, di uno sguardo, infatti, possono rendere subito efficace la nostra modalità espressiva, dunque la capacità di comunicare. Gli aspetti non verbali della comunicazione, del resto, sono utilizzati nella vita quotidiana in modo così naturale e spontaneo che è difficile esserne completamente consapevoli. L'espressività facciale, la postura e il linguaggio del corpo, o magari il *look*, sono pertanto alcuni degli elementi che contribuiscono a costruire una comunicazione non verbale: di tutto ciò l'auditor deve essere consapevole, non ritenendo cioè questi temi secondari o marginali, bensì valutandoli di volta in volta con grande attenzione.

Sulla base della mia esperienza personale posso dire che, in particolare all'inizio dell'attività di auditing, è molto importante impostare i canali di comunicazione più adeguati, raggiungendo così subito un ottimo livello di empatia con i propri interlocutori. In un percorso di questo tipo, infatti, una buona "partenza" è davvero indispensabile e può ripercuotersi sull'intera valutazione che si intende svolgere. Pertanto l'auditor che partirà con "il piede giusto" – e, ancora una volta, che sarà capace di comunicare in maniera efficace – avrà il compito facilitato, ottimizzando al massimo il proprio lavoro.

Comportamenti e atteggiamenti dell'auditor, in quest'ottica, devono essere impostati correttamente fin dalle prime fasi di auditing e soprattutto in relazione ai propri interlocutori. Impostare tutto ciò nel migliore dei modi, dunque, non può non implicare due aspetti centrali, in grado d'intersecarsi di continuo: saper essere estremamente professionali e, al contempo, estremamente propositivi.

Essere "propositivi" – si badi bene – significa assumere un atteggiamento e, poi, avvalersi di un concreto *modus operandi* che sono l'esatto contrario dell'imposizione, o magari dell'intimazione. Ciò che in quest'ambito è più importante, infatti, in larga misura attraverso la ricerca e l'individuazione di comportamenti idonei, è la condivisione e la partecipazione. Questa, d'altronde, è proprio la differenza fondamentale fra un audit e un'ispezione: nel primo caso l'intero percorso è concordato e condiviso, quindi l'auditato conosce in via preventiva, per filo e per segno, quella che sarà l'attività di auditing; nel secondo caso, invece, le logiche sono profondamente diverse e per certi versi antitetiche.

Comunicare in maniera efficace e corretta, pertanto, per un auditor significa aprirsi e, in egual misura, "mettere in comune": da qui, appunto, l'importanza di modalità espressive realmente condivise, semplici, cioè in grado di essere comprese rapidamente da entrambe le parti nel quadro dell'auditing. È dunque rilevante il tema della competenza comunicativa che un auditor può mettere in campo e che, ormai, va senz'altro ritenuto un elemento qualificante nell'ambito di questa professione. L'auditor, infatti, deve essere capace di comunicare ciò di cui ha realmente bisogno per poter svolgere al meglio la sua attività.

La competenza comunicativa, del resto, si sviluppa negli individui grazie a un processo di apprendimento che è in costante evoluzione, nell'arco di una intera esistenza, quindi non può essere considerato qualcosa di statico e di predefinito. Essa permette di individuare e caratterizzare in maniera adeguata l'interazione fra i soggetti – specie nei suoi aspetti maggiormente utili in ambito lavorativo – e così rende più efficaci e produttivi i comportamenti sociali e professionali degli individui. Un auditor che può essere ritenuto davvero "competente" a livello comunicativo, pertanto, è un soggetto capace di utilizzare perfettamente parole comprensibili per chi ascolta e, al contempo, di chiedere e fornire informazioni qualificanti.

La competenza comunicativa, dunque, si caratterizza soprattutto in relazione alle risorse cognitive, affettive e comportamentali, che devono essere patrimonio costitutivo dell'auditor. Questi, d'altronde, va pensato come una figura professionale sempre in grado di presentare efficacemente e in modo comprensibile sé stesso e la propria attività, esprimendo – se necessario – sentimenti ed emozioni, ma soprattutto garantendo all'interlocutore una enorme capacità di ascolto.

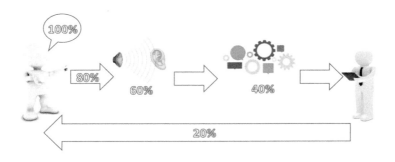

Passiamo ora a illustrare, sulla base di quanto abbiamo esposto fino a questo momento, una sorta di schema – o magari di ipotesi – di comunicazione verbale attiva durante l'audit. In virtù di questa ipotesi, infatti, un soggetto x è in grado di esplicare e di comunicare effettivamente circa l'80% del proprio pensiero a un soggetto y. Di questo 80%, però, l'interlocutore è capace di recepire solo il 60% e di metabolizzare realmente addirittura il 40%; a sua volta, inoltre, egli riuscirà a divulgarne correttamente appena il 20%.

Salta agli occhi, pertanto, l'impoverimento tendenziale e inesorabile del messaggio iniziale, che nel suo percorso comunicativo da x a y cambia profondamente nelle sue "dimensioni" complessive, mutando altresì di senso e di significato proprio in ragione di una evidente diminuzione, che diventa in ultima analisi un sostanziale mutamento qualitativo. Migliorare la comunicazione e la competenza comunicativa di un auditor, pertanto, implica necessariamente un lavoro di riduzione del rischio di disperdere una buona fetta di quell'80% del messaggio iniziale, che del resto in assenza di opportuni accorgimenti andrà per sempre perduto o forse dimenticato.

Come fare, dunque, a ridurre le percentuali di dispersione comunicativa – pure fisiologica – nell'ambito dell'auditing? In una maniera sola: utilizzando uno strumento di comunicazione che sia il più efficace possibile. Se l'auditor sarà in grado di muoversi concretamente in tal senso e, quindi, se saprà far tesoro della competenza comunicativa acquisita, egli potrà ridurre drasticamente le suddette percentuali di dispersione, rendendo così il proprio messaggio realmente efficace e, soprattutto, comprensibile. In questo campo, d'altronde, giocano un ruolo primario fattori ben precisi, ai quali abbiamo già fatto riferimento e che sono sempre attivi sul piano comunicativo: la semplicità, la razionalità, la capacità di sintesi, per citarne solo alcuni e che si traducono immediatamente in modalità espressive efficaci, *ergo* comprensibili.

Utilizzare, pertanto, elementi di comunicazione accessibili a tutti, chiari, anche "facili", non significa affatto impoverire il contenuto del proprio messaggio: al contrario, per un auditor tutto ciò vuol dire aver recepito appieno la lezione inerente alla competenza comunicativa, che implica l'uso sistematico e combinato di tali fattori, al fine appunto di dar vita a una comunicazione efficace, dunque non dispersiva.

Personalmente, nella mia concreta esperienza di auditor, non a caso faccio un uso costante di immagini e di video, perché li ritengo strumenti particolarmente idonei nel rapporto con i miei interlocutori e perché mi sembrano in grado di semplificare al massimo il messaggio, facendolo arrivare a destinazione nel minor tempo possibile, pressoché integro, ma soprattutto privo di fronzoli. Video e immagini, inoltre, hanno una ulteriore peculiarità e, a mio modo di vedere, una innegabile qualità: riescono a superare quegli ostacoli e quelle barriere fisiologiche che, pure, possono ergersi non di rado a causa delle diversità linguistiche – esistenti ad esempio in un'attività di auditing in ambito Internazionale – o magari in presenza di differenti gradi di cultura e di conoscenze nelle parti interessate. La semplicità, la razionalità e l'efficacia delle immagini e dei video, in tal caso, costituiscono un sicuro rimedio, nonché uno strumento utile a realizzare una comunicazione ottimale.

In tal senso il ricorso ai tutorial è senz'altro importante e consigliabile: sia per comunicare, sia per apprendere, anche cose facili; ma, del resto, la capacità di un individuo di assimilare informazioni va considerato un elemento soggettivo, ovvero una sorta di equazione personale, perfino misurabile e quantificabile, dunque questo fattore può solo essere implementato al massimo grazie a strumenti idonei. Per queste ragioni – là dove non è espressamente vietato all'auditor il ricorso a immagini e a video – io consiglio sempre l'uso di tutorial o comunque di iniziative mediatiche in grado di mettere in campo questo genere di modalità, che resta a mio avviso la più semplice e la più produttiva nel quadro di una corretta strategia comunicativa dell'auditor.

La conduzione dell'audit e le principali caratteristiche dell'auditor

Quando siamo impegnati nella conduzione di un audit, è assolutamente necessario avere ben presenti i capisaldi dell'intero processo. *In primis* la definizione dell'obiettivo finale e di eventuali obiettivi intermedi, essendo così l'auditor sempre in grado di rispondere a una fondamentale domanda, che va rivolta a sé stesso in tal caso: che obiettivi ho per quanto riguarda questo audit?

Nelle operazioni di auditing, infatti, è utile che egli sia affiancato da un *team* estremamente puntuale e preparato rispetto al campo di valutazione da effettuare, e che risulta determinante anche per la corretta individuazione degli obiettivi della verifica. È quindi basilare che l'auditor abbia una esatta cognizione di "cosa" concretamente va a verificare e a valutare tramite la propria attività e, se le sue competenze non fossero sufficienti, egli ha il dovere di ricorrere a tutte quelle professionalità e a quelle figure in grado di fornirgli un effettivo ausilio.

Un altro elemento che possiamo considerare centrale nella conduzione di un audit è l'esatta conoscenza del soggetto auditato, quindi delle sue caratteristiche, nonché delle sue eventuali peculiarità, ma soprattutto della sua identità professionale, delle sue competenze, delle sue qualità e dei suoi deficit. A questo punto, nella definizione dei capisaldi della conduzione dell'audit, si inseriscono necessariamente altri due fattori, imprescindibili: la cosiddetta struttura dell'audit, che implica una concreta pianificazione dell'attività di auditing; nonché la corretta individuazione del clima e del contesto in cui essa si svolge.

Il parametro più importante, al quale fare riferimento, è senz'altro l'obiettivo finale dell'audit, anche perché in base ad esso un auditor saprà rispondere ad alcuni fondamentali quesiti, che egli non potrà fare a meno di porsi durante la conduzione di un audit: quale risultato mi aspetto di ottenere? E, in ragione di ciò, di quanto tempo dispongo, considerando anche la fase di preparazione e l'elaborazione del rapporto finale?

Dopo aver preso in esame i punti qualificanti della conduzione dell'audit, andiamo ad analizzare le principali caratteristiche dell'auditor nel quadro della sua attività. Egli innanzi tutto è un professionista, e come tale ha l'obbligo di comportarsi. Deve inoltre avere una spiccata capacità di monitorare la comunicazione verbale e quella di carattere non verbale, sia la propria sia quella della parte auditata. L'auditor deve anche essere attento a quanto gli viene riferito dagli interlocutori nel quadro della sua attività: in ragione di ciò, egli sarà in grado di neutralizzare pregiudizi e stereotipi inerenti alla sua professione, che spesso viene vista come quella di un "nemico" – effettivo o potenziale – o magari qualcuno interessato esclusivamente a "spiare" il funzionamento di un'azienda o di un'organizzazione.

Ricorrere a strategie comunicative efficaci, pertanto, come abbiamo già scritto è fondamentale per l'auditor, che in questo modo potrà spiegare razionalmente e con semplicità le ragioni per le quali egli si trova lì, cioè nel quadro della valutazione e della verifica di un processo e non già della valutazione e della verifica dei singoli, ovvero delle persone. Nel momento in cui l'auditor ha ben chiari questi obiettivi e conosce pertanto le principali caratteristiche della sua stessa professione, è tanto più in grado di individuare gli obiettivi di una specifica attività di auditing, quindi di agire sulla base di una pianificazione delle sue differenti fasi.

In tal senso il ricorso a una *checklist* – che pure non è menzionata dalla ISO 17021 ma è consigliata dalla ISO

19011, dunque è uno strumento di cui l'auditor può fare uso, se crede – rappresenta un utile ausilio, sebbene essa non possa mai diventare un vincolo o una limitazione all'attività di auditing. La *checklist*, insomma, non deve essere l'unico strumento nelle mani di un auditor, perché in tal caso si trasformerebbe in un elemento capace di limitare drasticamente la qualità del suo lavoro e della sua stessa professionalità.

L'auditor, al contrario, deve essere sempre in grado di impostare e sviluppare ragionamenti complessi, possedendo dunque una reale capacità critica e di effettiva elaborazione dei contenuti: qualcosa di molto diverso, dunque, dalla meccanica lettura di alcuni quesiti, tratti da una generica e magari improvvisata "lista della spesa". In virtù di ciò e di questa sua particolare intelaiatura, l'auditor dovrà sempre porre quesiti nella forma più idonea e comprensibile alla parte auditata, cioè a quelli che di volta in volta saranno i suoi interlocutori. Le domande che egli porrà, peraltro, saranno ugualmente in linea e avranno una reale corrispondenza rispetto alle fasi e ai contenuti dell'incontro che viene stabilito nel quadro dell'auditing.

La domanda iniziale che l'auditor porrà al suo interlocutore, non a caso, sarà il più possibile "aperta", in maniera da consentire all'auditato di connettersi esplicitamente agli obiettivi della valutazione e di descrivere nel dettaglio le specifiche attività, legate a un processo, dell'organizzazione interessata. L'auditor, in ragione di ciò, consentirà sempre all'interlocutore di spaziare nella sua risposta, aprendo quindi costantemente alcune possibilità e ipotesi di dialogo, di confronto, non chiudendole preventivamente o magari disinteressandosene.

Per questi motivi è consigliabile che l'auditor faccia un sapiente uso del linguaggio della persona intervistata, evitando di ricorrere in modo massiccio e indiscriminato a termini tecnici e, più in generale, a modalità linguistiche che possono essere comprese dagli specialisti, o magari dai soli addetti ai lavori. Ovviamente egli non deve rifuggire dall'utilizzo di una terminologia specifica – i cosiddetti termini di settore – che del resto sta a dimostrare la sua competenza e la sua professionalità nell'ambito della stessa attività di auditing. L'auditor, tuttavia, non deve cadere neppure nell'errore opposto a quello di una eccessiva complicazione delle proprie modalità espressive, vale a dire una eccessiva semplificazione o magari banalizzazione del linguaggio e che è un rischio ugualmente da evitare, per ovvie ragioni.

L'auditato

Dopo esserci concentrati prevalentemente sull'attività di auditing, sulla figura dell'auditor e sulle caratteristiche principali della sua strategia comunicativa, si rende necessario a questo punto un *focus* sull'auditato, ovvero sul soggetto che è direttamente coinvolto nell'attività di audit, vale a dire quell'iter di verifica e di valutazione di un processo inerente a un'organizzazione, che abbiamo analizzato sino a questo momento.

Cominciamo col dire che non è affatto sicuro che l'auditato – ovvero l'interlocutore principale dell'auditor – sia un professionista della comunicazione o qualcuno smaliziato circa le dinamiche concernenti l'audit. Questi, pertanto, potrebbe tranquillamente essere un professionista attivo nell'ambito di una organizzazione o una figura prominente di un'azienda e che, nondimeno, non ha affatto dimestichezza con queste modalità comunicative e in massima parte con l'audit.

In tal caso sarà fondamentale, per l'auditor, capire quale è la percezione effettiva, da parte di questo soggetto, dell'attività che egli sta ponendo in essere. L'auditor, soprattutto, dovrà comprendere se la parte auditata sia realmente avvertita e sensibile a proposito della congruenza fra gli obiettivi dell'auditing e le esigenze dell'organizzazione interessata da quella specifica valutazione.

Per tutti questi motivi l'auditor dovrà essere estremamente efficace durante lo svolgimento dell'audit: ad esempio mettendo a proprio agio l'intervistato; ma anche seguendo un minimo di pianificazione durante le fasi di auditing, che sia funzionale al raggiungimento dei risultati. Sarà importante, al riguardo, che l'auditor sia capace di non strutturare l'intervista in una maniera eccessivamente rigida. Sarà quindi opportuno che egli ponga all'interlocutore domande il più possibile "aperte", mettendosi dunque attentamente in ascolto delle risposte dell'intervistato.

È di grande importanza, inoltre, che tutto ciò che viene riferito dall'auditato durante questo genere di confronto sia sempre supportato da evidenze oggettive: un principio fondamentale dell'audit, del resto, è che esso si basa appunto su evidenze oggettive, ovvero sull'idea della tracciabilità. Pertanto ogni tipo di affermazione o di dichiarazione dell'auditato – ad esempio: «Noi siamo in possesso di questa autorizzazione» – deve essere rigorosamente confermato da una apposita documentazione, che l'auditor ha l'obbligo di pretendere per svolgere al meglio la sua valutazione complessiva, più o meno nello stesso modo in cui una qualsiasi autorità, nel richiedere un documento d'identità, ha anche il dovere di verificarne l'esistenza.

Come essere efficaci durante lo svolgimento dell'audit

Al fine di essere pienamente efficaci durante lo svolgimento di un audit non vi è, da parte dell'auditor, solo la necessaria conoscenza dei propri interlocutori, dunque il doveroso approfondimento della qualità e – diremmo – della "consistenza" dell'ente valutato. L'auditor, infatti, nel quadro della sua attività deve anche avere la capacità di rivolgere le domande a tutte quelle figure che, in un'organizzazione o in un'azienda sottoposta a verifica, ricoprano determinati ruoli e abbiano specifiche funzioni; e tali quesiti, posti a questo genere di soggetti, ovviamente devono essere utili a delineare al meglio alcuni aspetti e passaggi ai fini della valutazione complessiva che egli sta elaborando.

L'auditor, inoltre, per operare nella maniera più efficace è opportuno che svolga la propria attività durante il normale orario di lavoro dell'ente interessato dalla verifica, appunto perché l'audit deve essere attuato sul luogo di lavoro abituale dei soggetti auditati. Infine, per un insieme di ragioni già esposte e sulle quali abbiamo avuto modo di ragionare nelle pagine precedenti, risulta di grande importanza la capacità dell'auditor di immedesimarsi nelle persone intervistate, senza simulazioni e senza inganni. Egli, pertanto, ha l'assoluta necessità di essere empatico e, in virtù di determinati atteggiamenti e di modalità espressive ben precise, potrà comprendere davvero chi ha di fronte, quali sono i suoi pregi e i suoi difetti, così che l'adozione di una strategia comunicativa ottimale risulterà basilare per quanto riguarda l'intero iter dell'auditing, che in tal modo potrà essere considerato positivo.

Nella descrizione di questa sorta di *modus operandi* del perfetto auditor durante lo svolgersi della propria attività, una funzione importante la hanno senz'altro alcuni specifici comportamenti da adottare, che di solito sono consigliati a questa figura professionale al fine di ottimizzarne le prestazioni. Innanzi tutto è opportuno che l'auditor inizi l'intervista chiedendo esplicitamente all'auditato di descrivere il proprio lavoro. Egli, inoltre, deve sempre illustrare all'interlocutore gli obiettivi dell'audit e le sue specifiche modalità di esecuzione, spiegando infine il significato delle annotazioni e degli appunti che di volta in volta prende nel corso delle interviste.

Anche in tal caso si rivela di grande importanza una comunicazione corretta, semplice, razionale, capace pertanto di fugare nell'auditato ogni dubbio o scetticismo a proposito delle dinamiche complessive dell'audit. È infatti compito fondamentale dell'auditor evitare l'insorgere di fraintendimenti nell'interlocutore o, magari, di timori ingiustificati durante lo svolgersi delle operazioni di auditing: spiegare bene ai diretti interessati quali sono le procedure e le logiche che compongono questo percorso è pertanto un tassello fondamentale, che può rendere efficace o al contrario inefficace l'audit.

Fra questi comportamenti virtuosi vi è l'attenzione particolare che l'auditor deve prestare, durante le interviste, a non porre domande cosiddette retoriche, in grado cioè di influenzare automaticamente le risposte dell'auditato: ad esempio «Lei naturalmente sta utilizzando uno strumento tarato per effettuare questa misurazione?». Al termine dell'audit, infine, è doveroso e al contempo utile che l'auditor non solo ringrazi i propri interlocutori per la collaborazione, ma che in egual misura spieghi loro in maniera sintetica i risultati della verifica messa in atto.

Tutto ciò ovviamente va fatto con il massimo garbo e con la massima discrezione, evitando quindi di segnalare all'auditato eventuali anomalie, problemi o deficit che sono stati riscontrati, salvo che queste stesse anomalie o deficit non siano davvero molto gravi e macroscopici, pertanto impossibili da tacere, in certo modo. Si può però sempre, da parte dell'auditor, descrivere in maniera sintetica al proprio interlocutore, al termine della verifica, lo svolgersi dell'audit, tanto più quando questo iter è stato complessivamente corretto ed efficace. Tale pratica è infatti opportuna e parimenti necessaria.

Nell'ottica di un approfondimento concernente l'efficacia dell'auditing, non può mancare un *focus* relativo ai comportamenti più consoni per un auditor, e che pertanto sono maggiormente consigliabili. *In primis* possiamo dire che un auditor deve evitare di formulare troppe domande contemporaneamente; o, magari, sostenere di aver compreso un concetto o una frase anche quando ciò non corrisponde al vero, anche perché se l'auditato si accorge di questa *défaillance* ne va della credibilità dell'auditor, quindi dell'intera valutazione.

In egual misura egli dovrà sempre evitare di farsi coinvolgere direttamente e personalmente nelle diatribe interne a un'organizzazione che sta valutando. Occorre altresì che l'auditor abbia ben presente la propria *mission*, che non prevede che ci si perda in dettagli insignificanti e in genere in piccolezze, appunto perché la semplicità, la razionalità e l'efficacia sono le autentiche linee guida di ogni percorso di auditing, e come tali non devono mai venir meno o essere dimenticate dall'auditor. Questi consigli sono a mio avviso importanti e di essi si deve tener conto quando si affrontano audit di prima, di seconda e di terza parte.

In questo quadro può essere utile un approfondimento inerente ad alcuni comportamenti tipici dell'auditato e che l'auditor deve conoscere in via preventiva, onde evitare questioni e problemi nel corso della sua valutazione. Può capitare, infatti, che l'auditato sia un soggetto in certo modo "volubile", dunque piuttosto suscettibile, portato cioè nel corso dell'audit a porre continuamente domande o a fare obiezioni, identificando nell'auditor un fattore di disturbo rispetto a dinamiche interne a un'organizzazione, quindi un elemento di potenziale disequilibrio o, più semplicemente, un intralcio: qualcosa di negativo, insomma, se non proprio da "combattere" senz'altro da evitare e da non facilitare nel suo iter.

Vi è però anche un'altra tipologia di auditato, il quale al contrario considera l'auditor una sorta di elemento salvifico, incondizionatamente positivo, capace cioè di riequilibrare a proprio favore un contesto che magari lo vede penalizzato o svantaggiato. In entrambi i casi, nondimeno, l'auditato può diventare un elemento di difficile gestione, rispetto al quale pertanto l'auditor deve saper adottare strategie in certa misura "difensive" o, almeno, di contenimento.

L'auditor, in ogni caso, non può soccombere dinanzi alle insistenze di questi soggetti più "volubili", concedendo loro magari una maggiore confidenza, cedendo ad alcune particolari lusinghe, oppure dando l'impressione di prestare un'attenzione eccessiva alle sorti di un individuo: in presenza di siffatte anomalie, d'altronde, risulterebbe pregiudicata l'obiettività della valutazione complessiva e lo svolgimento dell'audit sarebbe fortemente inquinato da queste dinamiche.

L'auditor, pertanto, deve prestare la massima attenzione a questa sorta di tattiche diversive messe in campo dagli auditati, specie quando essi si mostrano capaci di dispiegare con insistenza una *captatio benevolentiae* nei suoi confronti, sostanzialmente per confondere le acque e per fargli perdere di vista il reale obiettivo della valutazione. Questi scenari non devono verificarsi e soprattutto vanno impediti con decisione dall'auditor, il quale – come già detto – deve sapere per filo e per segno a quale realtà va incontro durante lo svolgersi di un audit, quindi quali sono i rischi che egli può correre in relazione a determinati comportamenti che possono essere messi in atto dagli auditati, anche per le ragioni più diverse come abbiamo potuto appurare.

In egual misura, l'auditor deve essere molto attento a non avere – magari per reazione o per timore – un atteggiamento eccessivamente diffidente, quindi meramente "difensivo", rischiando anche di apparire o di essere maleducato; e ciò, magari, può avvenire in contesti particolari, ad esempio in alcune regioni o città italiane nelle quali l'ospitalità e le buone maniere degli auditati sono a tal punto intense e "radicali" da rivelarsi fastidiose per alcuni auditor, sebbene esse siano del tutto genuine, dovute cioè a gentilezza d'animo e a una buona educazione, dunque non artefatte o dettate da mera convenienza. In tal caso, pertanto, l'auditor avrà il dovere di scernere e di comprendere, adottando strategie comportamentali – e, ancora una volta, comunicative – in grado di metterlo nelle migliori condizioni di poter svolgere con efficacia la propria attività, senza che il rapporto con gli auditati venga a costituire un fattore di disturbo o di potenziale fallimento per l'intera valutazione.

L'auditor, inoltre, nel necessario confronto con i propri interlocutori durante le operazioni di auditing, deve evitare di cadere nel tranello della sudditanza psicologica, specie quando il rapporto con l'auditato diventa un dialogo a tu per tu con un manager di grande prestigio e di immediata riconoscibilità, finanche di chiara visibilità mediatica: qualcuno, cioè, che con la propria *allure* e in certa misura con il proprio blasone può mettere in soggezione l'auditor o, magari, può attuare strategie comunicative che puntano a soggiogare il valutatore. In questi casi – in realtà molto delicati e che richiedono da parte dell'auditor una grande forza d'animo e un notevole equilibrio – sarà opportuno non cadere, ovviamente, nella "trappola" della sudditanza psicologica, stando molto attenti al confronto con auditati dalle personalità forti o comunque "debordanti"; né, però, si potrà reagire con arroganza e d'istinto, ma in una maniera che in tal caso sarà solo superficiale e potenzialmente nociva per l'intera verifica messa in campo grazie all'audit.

L'unico modo che l'auditor ha per risolvere questo problema – il quale è essenzialmente di ordine psicologico – è gettare sul piatto della bilancia la propria effettiva e concreta competenza, dunque sfoggiando alcune specifiche qualità che egli può utilizzare nel confronto con un auditato particolarmente "ingombrante": la sobrietà, la razionalità, la discrezione, ma in egual misura la fermezza, il coraggio, l'assenza di servilismo. Tutto ciò lo può rendere impermeabile alle blandizie e alla sudditanza psicologica, così come alle paure e, nel complesso, ad atteggiamenti inopportuni, che possono pregiudicare il buon esito dell'audit.

In questo libro, d'altronde, che è un testo che ha l'ambizione di dispensare consigli in qualche modo utili a chi, oggi, è impegnato nell'attività di auditing, ritengo necessario evidenziare questo passaggio inerente alla competenza dell'auditor. Questo aspetto infatti è fondamentale, perché grazie ad esso l'auditor può disporre di una effettiva capacità di "resistere" a tentazioni di varia natura e di varia provenienza, così come a timori e a comportamenti individuali che in alcuni casi possono essere immaturi, epidermici, potenzialmente irrazionali.

L'auditor realmente competente, infatti, è sicuro di sé e della sua condotta, quindi non teme confronti né lusinghe. È essenziale, al riguardo, che durante il suo lavoro l'auditor abbia sempre con sé – quindi a portata di mano – le Norme di riferimento, ovvero le regole sulla base delle quali egli svolge la propria attività, perché quando si è in presenza di una situazione non conforme, o magari *borderline*, l'oggettività della Norma è l'unica ancora di salvezza alla quale aggrapparsi, o forse l'unica bussola capace di guidare l'auditor verso un approdo sicuro.

L'auditor, il rapporto di audit e… il cercatore di funghi

L'auditor, in ragione di quanto esposto finora, a mio avviso è paragonabile a un cercatore di funghi. Egli infatti è un ricercatore di conformità. Al pari di chi va per funghi – e che cerca innanzi tutto funghi commestibili – l'auditor nella sua attività va alla ricerca della conformità e anch'egli opera costantemente in un "sottobosco" fitto e spesso ingannevole. Il cercatore di funghi, infatti, deve saper scernere ciò che è commestibile da ciò che non lo è, e magari è velenoso, mortale, dunque pericoloso.

Tra le molte varietà di funghi reperibili, in particolare, ve ne è uno, il cui nome botanico è *Amanita cesarea* – più conosciuto come ovolo buono, od ovolo reale – e che è in assoluto tra i funghi più costosi presenti sul mercato, oltre che più difficili da trovare e maggiormente gustosi. Vi è nondimeno un fungo molto simile a quello appena descritto e della medesima famiglia – il cui nome botanico è *Amanita phalloides*, noto anche come Amanita falloide o Tignosa verdognola – e che esteticamente è quasi identico all'*Amanita cesarea*: ma mentre l'*Amanita cesarea* è commestibile ed estremamente gradevole al palato, l'*Amanita phalloides* è velenosissimo e mortale.

La loro somiglianza tuttavia è forte e questi funghi, quasi "gemelli", possono essere confusi facilmente a un occhio inesperto o da un osservatore superficiale: la perizia, l'esperienza e la competenza del cercatore di funghi, pertanto, vengono messe a dura prova ed anzi potremmo dire che le sue più profonde qualità emergono realmente, manifestandosi appieno, in un caso del genere; anche perché in questa circostanza un errore di valutazione, seppur minimo, può essere gravissimo, determinando addirittura esiti fatali.

Fuor di metafora, l'auditor quando è alla ricerca della conformità può imbattersi in qualche "fungo velenoso", ovvero in realtà, situazioni, dinamiche e processi non conformi, e che nondimeno possono non apparire tali a prima vista, ovvero a un'analisi epidermica e superficiale. A maggior ragione, pertanto, l'auditor svolgendo la propria attività dovrà sempre vagliare e soppesare, esaminare nel dettaglio e se necessario approfondire tutti gli aspetti e le questioni possibili e immaginabili, anche quelle apparentemente meno importanti o perfino secondarie; e che tuttavia – al pari di un fungo velenoso straordinariamente simile a quello commestibile – possono nascondere insidie, inganni, trappole, anche esiziali e magari in grado di manifestare i loro effetti nefasti in un secondo tempo, quando però è ormai troppo tardi per rimediare.

L'auditor, in maniera non molto dissimile dal cercatore di funghi, deve essere un profondo conoscitore non solo delle conformità – cosa che, del resto, è iscritta a caratteri cubitali nella sua *mission* – ma in egual misura delle Non Conformità, cioè di tutto ciò che può apparire analogo o perfino identico a quel che è pienamente conforme; e, nondimeno, non lo è affatto, anzi nasconde non di rado insidie e pericoli. L'auditor, pertanto, ha l'assoluta necessità di essere scrupoloso, rigoroso, accurato e non deve avere alcuna paura di entrare con minuziosità nel merito delle questioni più disparate, che pure possono sembrare di lana caprina a prima vista e magari, invece, celano indizi in grado di rivelare processi non conformi.

Questo, d'altronde, per l'auditor – e tanto più per chi aspira a diventarlo – è un passaggio di grande importanza, soprattutto a livello deontologico, perché va da sé che affermare, in seguito a un audit rivelatosi poi erroneo, che un determinato processo è conforme, quando invece non lo è, potrebbe comportare problemi oggettivi, anche rilevanti, nonché rischi di vario genere, ad esempio per la salute e per la sicurezza delle persone, a seconda dell'organizzazione che è stata sottoposta a verifica.

In tal senso è utile ricordare che al termine dell'attività di auditing viene redatto il cosiddetto "rapporto di audit", che sintetizza sia gli aspetti conformi, sia gli eventuali aspetti non conformi. Una volta che è stata rilevata e poi elaborata la Non Conformità, l'auditato (nella figura dell'Alta Direzione o della funzione oggetto di audit) dovrà identificare ed attuare, inizialmente, una "Correzione" che elimina nell'immediato la Non Conformità e, successivamente, la cosiddetta "Azione Correttiva", che intende eliminare la causa della Non Conformità. Attenzione, si precisa che NON è compito dell'auditor identificare "Correzione" ed "Azione Correttiva", ma come specificato pocanzi è compito dell'organizzazione nella figura dell'Alta Direzione e/o la funzione oggetto di audit (un Responsabile di Processo ad esempio). Facciamo particolare attenzione anche a non confondere i due termini "Correzione" ed "Azione Correttiva". La prima è quell'azione che elimina la Non Conformità nell'immediato (ad esempio il ripristino nell'immediato di un componente di un macchinario, oppure il ripristino di una temperatura in una cella frigorifera, oppure la risistemazione corretta di merce non correttamente stoccata) e pertanto riporta la conformità nel processo. La seconda invece, ovvero l'Azione Correttiva, è quell'azione volta ad eliminare la causa che ha generato la Non Conformità. Andando ad agire sulla causa che ha generato la Non Conformità, l'Azione Correttiva ha la funzione di prevenire, nel tempo, del ri-verificarsi della medesima Non Conformità (pertanto risulta un'azione nel tempo più efficace per il corretto funzionamento dei processi). Questo comporta, da parte dell'organizzazione, un impegno nella ricerca della causa che ha generato la Non Conformità e, nella pratica, questo avviene indagando ed analizzando i processi per identificare cosa ha causato la Non Conformità. Proprio la non conformità, d'altronde, può considerarsi "chiusa" quando è stata attuata con successo una azione correttiva, di cui ne è stata valutata l'efficacia.

Dalla non conformità al miglioramento continuo delle prestazioni

In base alla ISO 9000:2015, una "Non Conformità" è il mancato soddisfacimento di un requisito da parte di un'organizzazione. Il requisito può essere cogente o volontario, ovvero può essere stabilito a norma di legge, quindi in virtù di criteri oggettivi; ma può altresì essere stabilito in ragione di parametri soggettivi e, appunto, volontari. Quando l'auditor redige una non conformità, questa dovrà sempre essere correlata a due elementi: ai criteri dell'audit, vale a dire a quel o a quei requisiti che non sono stati soddisfatti; nonché alle evidenze dell'audit, ovvero la descrizione dettagliata dell'evidenza oggettiva rilevata dall'auditor, che dimostra il mancato soddisfacimento di uno o più requisiti.

Se è vero e anche logico che, in termini assoluti, è più grave disattendere un requisito di legge piuttosto che un requisito volontario, è altrettanto vero che, personalmente, sono assai più infastidito dalla mancata conformità e non osservazione di un requisito volontario. Ciò perché il requisito di legge è stato elaborato e poi imposto da un Ente terzo, mentre quello volontario risponde a logiche soggettive, che come tali non dovrebbero mai essere disattese, specie da quei soggetti istituzionali che in qualche misura le hanno imposte a sé stessi e che, pertanto, dovrebbero possedere tutti gli strumenti necessari per rispettare appieno tali requisiti, oppure per modificarli e integrarli a tempo debito.

Nell'attività di auditing, pertanto, proprio in relazione al tema delle Non Conformità vi è un passaggio di grande rilievo. All'atto della verifica, infatti, da parte dell'auditor è sempre necessario considerare con estrema attenzione tre aspetti, assicurandosi egli che l'organizzazione sottoposta a valutazione abbia impostato nella maniera più corretta alcuni concetti basilari, e che per semplificare al massimo potremmo riassumere così: *dire quello che si fa*; *fare quello che si dice*; infine *dimostrare quello che si è fatto*. Questi tre punti, infatti, un auditor deve sempre andare a verificarli, valutando cioè con scrupolo se l'azienda o l'organizzazione auditata ne ha tenuto doverosamente conto.

È importante sottolineare, a questo punto della narrazione, che riscontrare una non conformità non può essere per l'auditor solo un fattore "negativo", dunque da indicare meramente con il segno –, perché in realtà proprio in questi casi egli deve saper leggere e interpretare tali circostanze come momenti straordinariamente esperienziali e di crescita che dimostrano l'essenza della propria attività, ovvero quella non solo di rilevare le conformità ma anche quella di essere moralmente coraggioso e certo di fronte alle Non Conformità. Se infatti l'auditor intende migliorarsi costantemente – e questo, a mio avviso, non può non essere un suo obiettivo – ciò avviene a maggior ragione in contesti e in situazioni caratterizzate dalla non conformità, cioè da elementi che l'auditor deve saper riconoscere come tali, affinando quindi le sue capacità, accumulando preziose esperienze e mettendo alla prova le conoscenze progressivamente acquisite.

Tutto ciò, se opportunamente metabolizzato dall'auditor, avrà senz'altro una ripercussione positiva nel quadro delle sue prestazioni complessive, quindi dell'intera attività di auditing che egli andrà a svolgere. Peraltro il miglioramento progressivo e costante delle prestazioni dell'auditor – fattore basilare della sua crescita professionale – può essere monitorato grazie a uno specifico rilevatore, chiamato "bilancia", il quale verificherà se in un arco di tempo definito c'è stato un miglioramento delle *performance*.

Quando l'auditor riscontra una non conformità, deve identificare chiaramente i criteri di riferimento – che possono essere costituiti da manuali, procedure, informazioni documentate, ecc. – in ragione dei quali, durante l'audit, determinati requisiti non sono stati rispettati. Egli, inoltre, deve descrivere brevemente il requisito che non è stato soddisfatto, ad esempio indicando il paragrafo della legge, del manuale o delle informazioni documentate che lo richiama in maniera esplicita. L'auditor, infine, deve descrivere – in modo sintetico ma esauriente – le evidenze rilevate a supporto della non conformità.

3

IL VADEMECUM DEL PERFETTO AUDITOR

Quale è il comportamento atteso da un auditor durante lo svolgersi della propria attività e, più in generale, l'atteggiamento più consono che egli deve avere in questo lavoro? Quale è, insomma, la condotta più opportuna nel quadro di una professione che è in grado di lambire dinamiche molteplici e prevede conoscenze differenti interagendo peraltro con ambiti e contesti che possono essere molto diversi fra loro? In questa terza e ultima parte del libro, pertanto, per rispondere a queste domande ho pensato di realizzare una sorta di *vademecum* del perfetto auditor, costituito da una serie di consigli pratici – appunto tratti dalla mia lunga esperienza professionale – e in certo modo di "comandamenti", comunque di precetti che a mio avviso l'auditor non dovrà mai dimenticare.

Cominciamo col dire che egli deve poter **fornire informazioni preliminari allo svolgimento vero e proprio dell'audit, e che queste informazioni devono**

essere chiare, specie in relazione alle tempistiche complessive della valutazione, ma anche per quanto concerne le visite e i sopralluoghi che possono essere previsti, ad esempio presso i fornitori di un'organizzazione o cantieri temporanei di un'organizzazione. In tal senso bisogna tener presente che prima dell'auditing viene elaborato il cosiddetto "piano dell'audit", vale a dire un'agenda delle attività in grado di definire l'auditing e di programmarlo scrupolosamente. Un audit, del resto, può avere una durata estremamente variabile – un giorno o un'ora, così come alcune settimane – a seconda della tipologia di valutazione che si va a effettuare e anche dell'organizzazione sottoposta a verifica.

A prescindere da questa durata complessiva, nondimeno, è sempre necessario elaborare un piano dell'audit, il quale infatti è un indispensabile strumento, utile sia all'auditor sia alla parte auditata, proprio perché capace di far comprendere nel migliore dei modi come e per quanto tempo verrà effettuata la valutazione. È evidente, in tal senso, che sia all'interno del piano, sia per quanto riguarda tutte le attività in certa misura collaterali al piano stesso – ad esempio mail, contatti telefonici, ecc. – è fondamentale che vi sia sempre la massima chiarezza, ovvero che non sorgano dubbi di alcun genere da ambo le parti, quindi che venga eliminato qualsiasi possibile rischio di lamentele o magari di proteste.

Questa esigenza – preliminare – di chiarezza è insita nella natura stessa dell'audit, il quale a differenza di una ispezione non deve attuare nei confronti dei propri interlocutori alcun "effetto sorpresa", appunto perché il suo obiettivo principale è la condivisione delle informazioni al fine di attuare una verifica e una valutazione: non vi è, pertanto, alcun intento di arcigna "sorveglianza" né tanto meno di "punizione", che possono invece essere obiettivi o forse risvolti di un'attività di ispezione; ma, appunto, non di auditing. Quest'ultima, infatti, si avvale sempre di procedure concordate con la parte auditata; pertanto è basilare che queste stesse procedure vengano definite nel dettaglio, dunque chiarite in ogni punto in via preliminare.

Ad esempio, se si presenta il caso di una verifica che richiede l'ingresso dell'auditor in un cantiere, è fondamentale che queste procedure siano stabilite e concordate a priori, anche perché tutto ciò può implicare la richiesta di permessi specifici o magari di particolari accorgimenti, quindi di un complesso di autorizzazioni e di comportamenti sui quali è necessario fare il punto *prima*, non *durante* o *dopo*. Un altro esempio utile da portare è quello di un audit che, in un determinato momento, può implicare la visita a un fornitore di un'organizzazione sottoposta a valutazione, e in tal caso sarà necessario informare questo soggetto della presenza dell'auditor, delle ragioni dell'auditing e, soprattutto, concordare tempistiche, modalità di accesso e di incontro.

È infatti importante che l'auditor ricordi sempre un principio basilare, inerente alla sua attività, cioè che egli è costantemente "ospite" e come tale, pertanto, ha il dovere di comportarsi. Per queste ragioni un altro caposaldo della professione e della professionalità dell'auditor, tutt'uno con il suo comportamento specifico, è **la puntualità**. Personalmente ritengo questo aspetto di grande importanza e non posso non raccomandarlo caldamente, in particolare a chi si approccia per la prima volta a questo mondo e a determinati contesti lavorativi. Essere puntuali, pertanto, per un auditor è davvero un *must*, ed egli dovrà prestare la massima attenzione a non arrivare né un'ora prima né dieci minuti dopo, bensì in quel brevissimo lasso di tempo che precede l'appuntamento che è stato già fissato e che farà comprendere all'interlocutore la serietà e la professionalità dell'auditor. Gestire le tempistiche per essere sempre in grado di mostrarsi puntuali, pertanto, è un passaggio fondamentale, che ogni auditor deve tenere bene a mente.

Non meno importante, nel quadro di questo *vademecum*, è **la capacità dell'auditor di mostrarsi costantemente organizzato**. Egli, pertanto, nella propria attività dovrà essere sempre nelle condizioni di non farsi sorprendere e rallentare da contrattempi e imprevisti, anche banali – avere a portata di mano le pile del mouse quando è scarico, o magari non farsi trovare sprovvisti di chiavetta USB – e che pure possono condizionare pesantemente l'auditing, provocando ritardi, deroghe, rinvii, mettendo inoltre in cattiva luce l'auditor presso le organizzazioni in cui egli sta attuando la valutazione. Prima di partire e di dare inizio alla propria attività, l'auditor deve quindi essere molto attento a non tralasciare l'aspetto dell'organizzazione – del proprio tempo e delle proprie risorse, come già detto anche di quelle che possono apparire più marginali – il quale costituisce dunque un pilastro dell'audit, nient'affatto un elemento secondario.

Sapere se un Ente o un'organizzazione è o non è in grado di mettere a disposizione una connessione internet, ad esempio, può essere un fattore decisivo, che può addirittura pregiudicare l'auditing: essere "organizzato", pertanto, per l'auditor in tal caso significherà accertarsi di un'informazione imprescindibile, conoscendo la quale egli potrà muoversi nel migliore dei modi, non deludendo così sé stesso né i propri interlocutori. Dal momento che l'auditor deve considerarsi e, altrettanto, deve essere considerato un professionista, dovrà sempre avere a propria disposizione tutte le attrezzature e gli strumenti – in particolare telematici e indipendentemente dalle risorse della parte auditata – del caso, utili al pieno dispiegarsi della propria attività, che non può conoscere intoppi od ostacoli nel momento in cui viene posta in essere, specie per ragioni che rischiano di apparire più che banali. Anche per questi motivi è di grande importanza la fase preliminare di un audit, in cui tutte queste dinamiche possono essere chiarite e discusse fra le parti.

Un altro aspetto da non trascurare nell'attività di auditing è **la capacità dell'auditor di essere gentile con i clienti**, innanzi tutto lasciando che questi abbiano sempre la possibilità di parlare e di spiegare le loro ragioni. Non a caso, infatti, la radice etimologica della parola "audit" ha un nesso esplicito con l'atto dell'ascolto, che una volta in più si rivela centrale e decisivo nell'ambito di questa professione. L'auditor dovrà dare la possibilità ai propri interlocutori di esprimersi, e al contempo presterà la massima attenzione al linguaggio del corpo e a tutto ciò che attiene alla comunicazione non verbale, sua e della parte auditata, proprio per delineare appieno il contesto in cui si sta svolgendo l'auditing, quindi per inquadrare al meglio i suoi protagonisti. Calma, gentilezza, semplicità e capacità di farsi comprendere rapidamente, sono pertanto qualità fondamentali per un auditor, in grado di fondersi tra loro e di determinare la buona riuscita di una valutazione, fin dall'inizio.

In quest'ottica possiamo raccomandare a un auditor di **non chiedere mai all'auditato quei documenti che non sono previsti espressamente dalle Norme di riferimento o – in caso di audit di terza parte – dal contratto sottoscritto con l'Ente di Certificazione.** Ugualmente raccomandabile è che l'auditor non presenti questa richiesta come qualcosa di obbligatorio o magari di scontato. Il difetto ricorrente in alcuni auditor, infatti, è purtroppo una sorta di "cleptomania", che si appunta perlopiù sulla documentazione disponibile presso la parte auditata e di cui essi si sentono quasi in dovere di fare incetta, al fine sostanziale di immagazzinare quanto più possibile in termini di riferimenti e di eventuali pezze d'appoggio. Non tutta la documentazione, però, è sempre e automaticamente disponibile presso le organizzazioni auditate, né è possibile pretenderla da parte dell'auditor: quest'ultimo, infatti, è bene rammentare che ha la facoltà di vedere e – come è iscritto a caratteri cubitali nella sua stessa *mission* – di ascoltare, ma in egual misura egli deve *guardare e non toccare è una cosa da imparare* così come recita un antico proverbio che mia nonna Eleonora spesso mi diceva quando ero bambino.

Un certo tipo di documentazione con cui si può venire a contatto – negli audit di seconda e in particolare di terza parte – non può essere copiata, riprodotta o prelevata con semplicità, anzi esistono contratti specifici che impongono all'auditor di non prelevare documentazione oppure di prelevarne solo una quota, più o meno cospicua. Questi contratti – in essere soprattutto negli audit di terza parte – vincolano l'auditor a un comportamento ben preciso, che egli dunque non può disattendere; pertanto, tutto ciò che può essere prelevato dall'auditor è specificato nel contratto che l'Ente di Certificazione ha sottoscritto con l'organizzazione cliente. È fondamentale, dunque, che l'auditor non dimentichi questi vincoli e questi paletti, che impongono un comportamento che non può essere del tutto "libero" né disattento per quanto riguarda tali aspetti, che sono del resto molto delicati, perché inerenti al rapporto che si viene a instaurare con la parte auditata.

L'auditor, inoltre, dovrà valutare attentamente anche la circostanza nella quale sia l'organizzazione sottoposta a verifica a consegnare spontaneamente una massiccia documentazione: anche in tal caso faranno fede i contratti posti in essere e gli accordi stipulati nella fase preliminare. Del resto nella documentazione che l'auditor preleva o che gli viene consegnata, può esserci la descrizione del *know-how* aziendale, ovvero elementi anche delicati e che non possono essere messi a disposizione con facilità. In questi casi l'auditor deve sapere preventivamente che egli e il suo *team* non possono avere nessuna autorità, né tanto meno la pretesa di prelevare questi documenti, di cui quindi non disporranno a proprio piacimento. Scrivo ciò per mettere in guardia soprattutto chi è alle prime armi in questa professione, e perché so per esperienza che in alcuni casi l'auditato – magari per sudditanza psicologica nei confronti dell'auditor – può avere l'impulso irrefrenabile di consegnare documenti che, invece, non devono essere affidati all'auditor o che non sono strettamente necessari alla valutazione del processo.

Poiché – come già scritto – l'auditor è un soggetto che strutturalmente si reca in casa d'altri per un determinato periodo, egli dovrà sempre **rispettare gli orari aziendali o comunque quelli che sono stati indicati nel piano di audit.** In questo modo la pianificazione dell'audit sarà senz'altro ottimale, tanto più se esso si svolgerà nel rispetto degli orari in vigore presso l'organizzazione sottoposta a verifica. Ciò avverrà anche quando le esigenze dell'auditor dovessero essere d'altro tipo: sarà infatti comunque quest'ultimo ad adeguarsi a una realtà che lo vede ospite e nella quale, pertanto, egli non può agire d'imperio; e questa raccomandazione – sempre e comunque fondamentale – diviene addirittura imprescindibile in presenza di un audit di terza parte.

Nel corso di una valutazione, inoltre, **se l'auditor ha intenzione di fare osservazioni, ciò deve avvenire all'insegna di un atteggiamento propositivo e collaborativo, men che mai per annotare semplicemente "qualcosa", magari di poco rilevante ai fini dell'audit.** Una osservazione dell'auditor, pertanto, deve essere finalizzata a un effettivo miglioramento, cioè a una sostanziale efficacia: non può quindi passare il messaggio – negativo e fuorviante – in ragione del quale «tanto l'auditor deve pur scrivere qualcosa» e che, come si può ben capire, svilisce l'intera attività di auditing, derubricandola a una sostanziale perdita di tempo, condita dalla produzione ingente di scartoffie. Questo messaggio è assolutamente non corretto e sbagliato in linea generale, quindi tanto più l'auditor deve evitare di alimentarlo, magari in maniera del tutto involontaria.

Pertanto, là dove si rilevano situazioni e dinamiche non conformi, queste andranno esplicitamente annotate. In presenza, invece, di realtà conformi ma che l'auditor e il suo *team* abbiano giudicato migliorabili, in tal caso è possibile scrivere quelle che tecnicamente si chiamano "raccomandazioni", ovvero elementi che presuppongono a priori una conformità, che pure sulla base dell'esperienza e della valutazione dell'auditor si ritiene migliorabile. La raccomandazione, dunque, è iscritta in questo genere di processo, che è proprio dell'audit poiché presuppone pur sempre il miglioramento in seguito alla valutazione e anche in presenza di una conformità. Va posta poi una particolare attenzione a scrivere le proprie osservazioni in termini generici, perché all'auditor non è sempre consentito svolgere attività di consulenza – salvo che ciò non sia previsto espressamente negli audit di prima e di seconda parte, mentre in quelli di terza parte essa è vietata. La raccomandazione nell'ambito degli audit di terza parte, pertanto, va formulata in modo che sia chiaro ed univoco il "cosa" può essere migliorato, senza far alcun riferimento al "come" attuare il miglioramento, proprio per non ricadere nella "consulenza" di fatto vietata in questo ambito.

Se una azienda o una organizzazione auditata è già seguita e affiancata da un Consulente, è bene che l'auditor condivida anche con questo soggetto la pianificazione dell'audit. La presenza di un Consulente, del resto, presuppone che il cliente, ovvero l'azienda o l'organizzazione sottoposta a verifica, abbia individuato proprio in questa figura quello che può essere considerato il *trait d'union* con l'auditor, il quale è comunque un soggetto "esterno". È pertanto opportuno che, in tale contesto, l'audit si svolga all'insegna della condivisione e della collaborazione, ad esempio mettendo sempre in copia il Consulente per quanto riguarda le comunicazioni inerenti alla valutazione. Si tratta, dunque, non solo di una forma di educazione e di cortesia, bensì di qualcosa che è sostanzialmente doveroso da parte dell'auditor.

Nel corso di un audit è basilare **la maniera in virtù della quale governare nel migliore dei modi parole e comportamenti**, ovviamente a seconda dell'interlocutore che si ha di fronte. L'auditor, infatti, può trovarsi al cospetto di individui che hanno atteggiamenti e caratteristiche complessive – anche solo caratteriali – molto diverse e perfino antitetiche rispetto alle proprie: ad esempio soggetti assai più competenti, o al contrario totalmente incompetenti o quasi; oppure persone che hanno problemi nel relazionarsi e che soffrono di un deficit a livello comunicativo, con cui pertanto può essere difficile entrare in connessione, quindi allacciare un dialogo proficuo e una collaborazione effettiva, pure imprescindibili nell'attività di auditing. Del resto non siamo tutti uguali a questo mondo, senza contare che l'auditor è un professionista formato e preparato per svolgere un determinato compito, che prevede strutturalmente l'ambito della "comunicazione". L'auditato, invece, non è detto che sia un individuo con caratteristiche identiche o simili a quelle appena descritte; dunque di questi fattori complessivi – che, se ignorati, possono diventare un problema – l'auditor deve tener conto.

Durante un audit è senz'altro corretto parlare non solo di tematiche strettamente "tecniche", ma ad esempio di esperienze personali – e, a volte, anch'io in qualità di auditor ho indugiato in tal senso, specie nelle fasi iniziali e all'atto delle presentazioni con gli auditati – **purché non si esageri.** Specie durante le vere e proprie attività di auditing, infatti, non è opportuno che queste vengano intercalate dal racconto – magari romanzato – della vita dell'auditor o di suoi particolari aspetti, aneddoti e via dicendo. Purtroppo esistono auditor eccessivamente "esuberanti" e che hanno la tendenza a parlare più di sé stessi che delle mansioni inerenti alla loro specifica attività professionale, in quel momento e in quel particolare contesto; e tutto ciò va quindi evitato, senza se e senza ma.

Per ragioni non molto dissimili – e che riguardano la necessità di non perdere e in egual modo non far perdere tempo – **l'auditor non deve prolungare oltremisura la propria attività**, magari semplicemente per coprire tutto l'orario che ha a disposizione ma in realtà senza una reale necessità, poiché l'audit è sostanzialmente terminato e gli elementi di cui egli aveva bisogno per la valutazione sono stati sviscerati e verificati. L'auditor, pertanto, deve agire non scordando la massima in ragione della quale *il tempo è prezioso*, quindi egli opererà in orari prestabiliti e concordati con la parte auditata, ovviamente mai abusandone o ignorandoli, e soprattutto facendo sempre ciò che realmente occorre, senza avere l'esigenza di fornire di sé stesso una particolare immagine, lasciando quindi chissà quale "impressione" ai propri interlocutori. Anche in relazione a questo specifico aspetto è di grande importanza la fase di pianificazione dell'audit, durante la quale queste eventualità vanno affrontate e soprattutto concordate.

Sempre per rimanere al tema del "come presentarsi in casa altrui" – e che abbiamo appurato essere argomento della massima importanza – possiamo senz'altro affermare che l'auditor dovrà **presentarsi con un abbigliamento consono e un aspetto fisico curato, entrambi perfettamente in linea con la realtà che si va ad auditare.** Se ci si recherà infatti in un cantiere, cioè a svolgere auditing in un ambiente lavorativo ben preciso, caratterizzato da una attività operativa esterna, è necessario che l'auditor risulti abbigliato in un modo che non può essere dissonante o addirittura inopportuno in quel contesto; il quale, d'altronde, non potrà prevedere una eccessiva eleganza, né tanto meno una sostanziale ricercatezza, tutti elementi che andrebbero a fornire un'immagine "stonata" ed inadeguata dell'auditor e con buona probabilità a ostacolarne l'attività.

A tal proposito mi piace ricordare un episodio, che ritengo piuttosto esplicativo al riguardo. Assieme a una mia collaboratrice, infatti, abbiamo avuto l'opportunità di svolgere attività di auditing in un ambiente particolare, vale a dire una discarica. Quando la mia collaboratrice si è presentata in quel luogo con una borsa griffata e molto elegante, nondimeno, è stato evidente che il contesto era inadeguato a quel capo d'abbigliamento fin troppo appariscente e indossarlo poteva produrre fraintendimenti o fastidio nei nostri interlocutori. Massima attenzione, pertanto, al luogo in cui si va ad attuare una verifica, quindi all'ambiente in cui ci si trova, perché è sempre opportuno comunicare alla parte auditata le cose giuste, in maniera semplice, efficace e razionale.

Così facendo l'auditor non rischierà mai di essere fuori luogo e, soprattutto, fuori contesto. La giacca e la cravatta, dunque, saranno imprescindibili in un determinato ambiente, mentre in un altro – magari un cantiere o appunto una discarica, caratterizzati da fattori peculiari –

sarà preferibile un vestiario completamente diverso, certo più discreto e perfino dimesso. Del resto quando si svolge attività di auditing, questa interessa e quindi "investe" in larga misura delle persone, cioè esseri umani; è l'auditor, pertanto, a recarsi concretamente e fisicamente nel luogo di lavoro degli auditati e in ragione di ciò egli dovrà essere presentabile in un determinato contesto. Anche perché nell'attività di auditing è fondamentale, specie nelle fasi iniziali, non essere percepiti come soggetti inopportuni, magari sgradevoli, quindi sostanzialmente "negativi": basta infatti poco – a volte addirittura un'inezia, qualcosa di cui nell'immediato possiamo anche non renderci conto – per essere considerati in questo modo, e tale rischio l'auditor deve fare di tutto per non correrlo, perché ne andrebbe della buona riuscita dell'intera valutazione.

Può capitare, nondimeno, che un'ora dopo aver effettuato un sopralluogo in un cantiere – con tutte le protezioni necessarie, dalle scarpe *ad hoc* fino ai caschi – l'auditor e i suoi collaboratori siano attesi nell'ufficio di un dirigente di quella medesima organizzazione: in tal caso sarà necessario prevedere la possibilità di effettuare un cambio del proprio *outfit*, perché va da sé che i vestiti più idonei all'interno di un cantiere non sono gli stessi che consentiranno di relazionarsi nel migliore dei modi con un Dirigente d'azienda, nel suo ufficio. L'abbigliamento dell'auditor, peraltro, in situazioni particolari – caratterizzate ad esempio da contesti sociali e culturali densi di fattori religiosi, che magari a noi possono sembrare eccessivi o retrogradi – dovrà adeguarsi sempre e con la massima attenzione a quel che più è in linea con gli usi e i costumi della parte auditata, dei quali non si può non tener conto.

Il rischio, infatti, per l'auditor è quello di apparire irrispettoso, ignorante o semplicemente fuori luogo, così da fornire una pessima immagine di sé e soprattutto della propria attività e professionalità. Tutto ciò – si badi bene – non è affatto irrilevante sottolinearlo e non è nemmeno un *pourparler*, anzi a mio avviso può essere considerato uno degli aspetti qualificanti della comunicazione non verbale più opportuna ed efficace che un auditor metterà in campo per approcciarsi correttamente ai suoi interlocutori; e in questo quadro a fare la differenza – in senso positivo o negativo – spesso sono i dettagli, ai quali pertanto occorre prestare la massima attenzione.

L'auditor deve essere moralmente coraggioso a proposito delle decisioni che prende. Egli pertanto non potrà farsi condizionare o soggiogare a livello psicologico dalla caratura del proprio interlocutore, dal suo prestigio, magari dalla sua immediata riconoscibilità o perfino visibilità mediatica. Si tratta infati di elementi e di fattori che non possono inficiare il corretto svolgimento dell'auditing, dunque che non devono interferire con la libertà di giudizio e con l'assoluta obiettività dell'auditor, il quale non può non rimanere rigorosamente *super partes*. L'audit, pertanto, a prescindere dal soggetto auditato e dalla sua "importanza" – presunta o reale – dovrà svolgersi in maniera puntuale e rigorosa, e se sarà necessario registrare o verificare una non conformità, l'auditor lo farà senza battere ciglio, senza alcun occhio di riguardo per questo o quel Dirigente dell'organizzazione sottoposta a valutazione.

L'auditor, nondimeno, deve essere anche **un soggetto estremamente versatile, cioè qualcuno in grado di adeguarsi senza problemi a qualsiasi situazione, dinamica o contesto, mostrando inoltre una grande capacità di interfacciarsi con le persone delle tipologie più varie e disparate**, che egli potrebbe tranquillamente incontrare nel corso di un audit. L'auditor, peraltro, proprio in ragione della sua versatilità deve essere capace di rispondere correttamente alle domande più diverse, che durante l'auditing possono essere poste da molteplici soggetti: in questi casi egli non potrà mai farsi trovare impreparato, esitante, né tuttavia altezzoso o superbo se in possesso di specifiche conoscenze, utili in un determinato ambiente.

Ancora una volta la semplicità, l'efficacia e la razionalità devono essere una guida per l'auditor, il quale non può mai dimenticare queste norme comportamentali. Per regolarsi in questo modo, nondimeno, egli deve essere un soggetto estremamente competente: la competenza e la preparazione, infatti, devono costituire l'abc della sua attività, il suo pane quotidiano, qualcosa insomma di irrinunciabile e di costitutivo, in assenza del quale non è possibile un corretto svolgersi di questa professione, che più di altre non può fare a meno di tali elementi.

Del resto **chi è profondamente competente non può non essere in egual misura organizzato**, ovvero qualcuno che, ad esempio, sa prendere appunti agilmente in ogni situazione, anche mentre sta intervistando la parte auditata, ovviamente con una strumentazione che non ostruisca i movimenti o l'attività lavorativa nell'ambito specifico in cui si sta procedendo alla valutazione. L'auditor inoltre deve poter ricevere facilmente i *feedback* di ritorno degli auditati, nonché ammortizzare tutte quelle situazioni in ragione delle quali si potrebbero offuscare o sminuire i principali obiettivi dell'audit, che rimangono legati alla valutazione della conformità dei processi.

Per questi motivi l'auditor deve anche avere l'indubbia capacità di ridimensionare e razionalizzare eventuali momenti problematici, magari dopo che si è rilevata una non conformità, non rigirando il coltello nella piaga, attenuando i possibili contraccolpi provenienti dall'emergere di una criticità e soprattutto riuscendo in ultima analisi ad essere simile a uno psicologo, ovvero a un oculato gestore del materiale umano su cui lavorare. È buona norma, infatti, che l'auditor immagini sé stesso proprio come uno psicologo, in grado di interagire con i soggetti e con i contesti più differenti, anche con quelli maggiormente ostici, nonché di operare con coraggio e senza alcun timore sulle fragilità e sulle criticità, che non possono quindi costituire per lui un ostacolo insormontabile allo svolgimento della propria attività.

È naturale, allora, che **l'auditor dovrà essere un soggetto estremamente sicuro di sé, vale a dire in grado di presentarsi in modo autorevole e non autoritario.** Pertanto la sicurezza – in sé stessi e nelle proprie capacità

– non può mai tradursi in atteggiamenti boriosi, magari caratterizzati da fanatismo e da prepotenza, bensì deve essere coniugata sempre in saggezza, competenza e autorevolezza, ovvero in qualità indispensabili nel rapporto con gli auditati. In questa maniera l'auditor sarà capace di presentarsi come una persona sicura di sé poiché profondamente competente, dunque professionale, e come tale verrà rispettata e presa sul serio dagli interlocutori.

Competenza e professionalità implicano d'altronde una ulteriore qualità, che l'auditor dovrà infatti possedere in sommo grado: **avere un ottimo spirito di osservazione, sapendo cogliere i dettagli di ciò che egli sta visionando durante la sua valutazione,** anche al fine, ad esempio, di realizzare interviste agli auditati maggiormente mirate ed efficaci. Lo spirito di osservazione e la perizia nel cogliere i dettagli, del resto, sono direttamente proporzionali a una dote, che resta fondamentale nell'auditor ed è la capacità di ascolto. Pertanto anche in virtù di questa sorta di indicatori possiamo stabilire una gerarchia, o forse una graduatoria fra auditor più versati allo svolgimento della professione e altri che, al contrario, lo sono in misura minore.

Naturalmente **la conoscenza di quello che è il mondo delle aziende e delle organizzazioni da sottoporre a valutazione** è imprescindibile da parte dell'auditor, che deve possedere assolutamente queste informazioni, che egli può acquisire grazie a contatti preliminari con gli auditati; ma anche, banalmente, consultando il sito dell'organizzazione in cui egli si reca a fare auditing. Ad esempio, se l'audit riguarderà un Ente che si occupa di formazione, è bene che l'auditor conosca perlomeno i rudimenti dell'erogazione della stessa, specie da parte di quella specifica struttura nella quale egli dovrà operare. Se invece l'auditor ha il compito di valutare la conformità dei processi inerenti a un'acciaieria, è opportuno che egli sia edotto circa i particolari procedimenti e in merito alle dinamiche grazie alle quali viene prodotto l'acciaio.

Tutto ciò – si badi bene – non è affatto un *plus*, bensì un atto in certo modo dovuto da parte dell'auditor, che concerne proprio la sua professionalità e ancora una volta la sua competenza, che si nutrono di questi elementi e di queste specifiche conoscenze. Certo, esse non sono scontate né è sempre facile per l'auditor mostrarsi così versatile, nonché vivace e rapido sul piano dell'apprendimento; ciò nondimeno si tratta di un impegno necessario, inderogabile, che egli non deve pensare come un "sacrificio", bensì come un autentico *upload* di file di sistema, in virtù dei quali potrà operare nel migliore dei modi.

Del resto come potrà mai un auditor valutare la conformità di un processo se non ne conosce le caratteristiche? Va da sé che in tal caso sarà la natura stessa della valutazione ad essere compromessa, dunque potrebbe addirittura rendersi impossibile l'attività di auditing. Sta all'auditor, pertanto, **conoscere i termini tecnici e specifici inerenti ai compiti e alle funzioni dell'organizzazione auditata**; quindi sta a lui essere avvertito a proposito del livello, della vastità e della qualità delle proprie conoscenze, che egli infatti dovrà utilizzare di volta in volta nell'attività professionale e nel rapporto con gli auditati. Quando è impegnato in una valutazione e in una verifica, infatti, l'auditor deve poter parlare la stessa lingua dei suoi interlocutori, quindi deve sapere, ad esempio, cosa significano determinate parole, quando vanno utilizzate in un discorso o nell'ambito della documentazione che egli avrà modo di consultare.

Ecco perché durante i nostri corsi di formazione diamo un particolare rilievo al tema delle competenze. Quando, infatti, un auditor può ritenersi realmente competente? Quando è in grado di valutare il campo di applicazione di un'organizzazione che è oggetto dell'audit comprese le caratteristiche e peculiarità dei processi che ne fanno parte. Se, pertanto, è fin troppo evidente che non si può pretendere dall'auditor una onniscienza a proposito dei processi, dei linguaggi e delle norme che regolano l'attività di qualsiasi organizzazione esistente – cosa questa che lo trasformerebbe in una sorta di improbabile tuttologo – è invece necessario che, come già detto, egli sia estremamente versatile ma in egual misura avvertito a proposito di quelli che sono i propri limiti.

In alcuni casi, infatti, egli dovrà prendere atto che determinate organizzazioni esulano dalle proprie competenze, quindi l'auditor deve anche essere capace di rifiutarsi di svolgere un audit là dove non vi sia alcuna corrispondenza fra le proprie conoscenze e la realtà che si deve sottoporre a valutazione. Negli audit di terza parte, peraltro, questi "limiti" vengono imposti direttamente da Enti di Certificazione oppure da Organismi Internazionali, i quali infatti selezionano gli auditor sulla base delle loro competenze specifiche, che vengono vagliate e soppesate di volta in volta a seconda del contesto in cui dovrà svolgersi l'audit.

Per quanto riguarda il tema "competenza" mi preme precisare e descrivere il ruolo della figura "esperto tecnico".

Innanzitutto l'esperto tecnico è una figura "accessoria" al team di audit e può essere presente in tutti i tipi di audit (prima, seconda e terza parte).

La presenza dell'esperto tecnico può essere richiesta quando la competenza globale del team di audit non copre interamente il campo di applicazione dell'organizzazione auditata e la sua funzione è proprio quella di supportare il team in aspetti tecnici specifici dove il team di audit ha una "carenza" di competenza. Potremmo trovarci, ad esempio, nella situazione in cui il team di audit ha le competenze tecniche ed operative di un certo tipo di organizzazione ma è "carente" negli aspetti legislativi applicabili all'organizzazione. In questo caso la figura dell'esperto tecnico potrebbe essere un Avvocato in grado di dare un "supporto" al team nella valutazione della conformità degli aspetti legislativi dove il team è più debole a livello di competenza. Oppure l'esperto tecnico potrebbe essere l'ingegnere che ha progettato un macchinario prototipo ad hoc per un'organizzazione e pertanto può essere lui l'unico in grado di spiegarne il corretto funzionamento.

Come dicevo l'esperto tecnico ha questa funzione di supporto e va da sé pertanto che non potrà condizionare il team nella valutazione dell'audit e non avrà "potere" di svolgere le attività di audit (raccogliere evidenze, redigere documenti, effettuare interviste ...).

Come abbiamo già scritto, **l'auditor è un ricercatore di conformità, quindi l'approccio che egli avrà in tal senso sarà volto costantemente al miglioramento dei processi.** Per queste ragioni egli dovrà essere sempre capace di rilevare una conformità, anche quando questa dovesse presentarsi in forma minima o difficilmente documentabile. L'auditor, del resto, sotto questo aspetto può essere paragonato per certi versi a un investigatore, che con una lente di ingrandimento è continuamente impegnato a "indagare", quindi a "cercare". Vedendo un tale individuo all'opera, pertanto, potrebbe sorgere spontanea una domanda: cosa sta cercando questa persona? Istintivamente verrebbe di rispondere che questo soggetto sta cercando il pelo nell'uovo, ovvero elementi dissonanti, critici, discordanti, insomma puramente "negativi" e che magari sono in grado di provare una "colpa". In realtà se questo individuo è un auditor, questa prima e superficiale risposta non potrà non rivelarsi profondamente errata, perché egli in realtà è alla ricerca anche della più piccola conformità, nient'affatto delle sole Non Conformità, e proprio questa infatti è la *mission* dell'auditor.

Per tali motivi **egli innanzi tutto deve saper "ascoltare", quindi capire, interfacciandosi sempre con il linguaggio dell'auditato.** D'altronde un mero approccio alla Non Conformità da parte dell'auditor sarebbe totalmente sbagliato, ingiustificato e potrebbe addirittura compromettere l'intera valutazione posta in essere con l'attività di auditing. Ecco perché l'auditor, proprio in virtù di queste sue caratteristiche sostanziali, **ha il dovere di non farsi trascinare in discussioni con gli auditati, né sottoporre questi soggetti a critiche: egli al contrario deve essere sempre e stabilmente *super partes*,** e sarà infatti questo l'atteggiamento che informerà ogni sua iniziativa.

L'auditor, peraltro, non deve mai dimenticare che in via preliminare ha preparato un piano dell'audit, ovvero un'agenda di lavoro, la quale è uno strumento prezioso, che facilita la valutazione, dunque lo stesso rapporto con gli auditati, che è parte integrante della verifica complessiva. Il piano di audit, se ben elaborato, può pertanto essere uno straordinario strumento al servizio dell'auditor, in grado di predisporre ogni suo movimento e iniziativa nel migliore dei modi, a partire dagli orari in cui dovrà svolgersi la valutazione e che è sempre buona norma rispettare rigorosamente.

Questa fase preparatoria – appunto il cosiddetto piano dell'audit – è senz'altro di grande importanza in termini assoluti, ed essa peraltro è fatta anche di telefonate, di mail, dunque di uno scambio essenziale di informazioni e più in generale di un dialogo intenso con la parte auditata, di cui l'auditor deve far tesoro. La costruzione concreta di questo piano, in ultima analisi, è possibile grazie a un interscambio costante fra l'auditor – compreso il suo *team* – e gli auditati: in virtù di una pianificazione razionale e puntuale, pertanto, l'esecuzione dell'audit sarà priva di sorprese, perlomeno dal punto di vista organizzativo.

4

PERCHÉ DIVENTARE UN AUDITOR "CERTIFICATO": L'ISCRIZIONE AI REGISTRI E IL VALORE AGGIUNTO PER LA PROFESSIONE

Dopo aver analizzato – spero in maniera esaustiva – l'audit in tutti i suoi aspetti e in ognuna delle sue molte peculiarità, penso sia doveroso concludere questo volume affrontando il tema dell'opportunità, per un auditor, di essere regolarmente iscritto a quello che va considerato il nostro autentico albo professionale, e che come tale può garantire una fondamentale e imprescindibile certificazione.

Innanzi tutto proviamo a esaminare nel dettaglio il significato di questa "certificazione", appunto di grande importanza per l'auditor, nonché quali sono concretamente i vantaggi che essa garantisce. Ci dedicheremo, poi, alla questione degli Enti preposti, ovvero riconosciuti e capaci di verificare la professionalità di un auditor.

Essere un auditor "certificato", del resto, vuol dire aver completato con successo un programma di formazione specifico, al termine del quale sono stati superati uno o più esami, che hanno dimostrato in maniera incontrovertibile quelle competenze e conoscenze che possiamo ritenere basilari nel quadro dell'audit. Questa certificazione viene rilasciata solitamente da alcune Organizzazioni preposte, ad esempio Enti di Certificazione, Società di Formazione, ecc., le quali erogano corsi di formazione. Questi sono ufficialmente riconosciuti da un Organismo di Certificazione – in Italia, ad esempio, abbiamo AICQ SICEV, CEPAS o KHC – il cui compito primario è la valutazione scrupolosa delle competenze di un auditor.

Tali Organismi di Certificazione, a loro volta, nel nostro Paese devono essere accreditati da ACCREDIA o da un altro Organismo di Accreditamento appartenente all'International Accreditation Forum (IAF). Una volta in possesso del certificato che attesta il superamento dei corsi di formazione, per l'auditor è possibile effettuare l'iscrizione a uno o più registri specifici della professione – anch'essi gestiti da AICQ SICEV, CEPAS o KHC – e tale registrazione avviene dopo che è stato superato un apposito esame, scritto e orale.

I Registri di Certificazione in grado di attestare la professionalità di un auditor operano in conformità alla Norma ISO/IEC 17024 "Requisiti generali per Organismi che eseguono la certificazione delle persone" per quanto riguarda la certificazione di Auditor/Lead Auditor dei

Sistemi di Gestione e di figure professionali che operano in molteplici settori di attività; nonché in conformità alla Norma ISO/IEC 17065 "Valutazione della conformità – Requisiti per organismi che certificano prodotti, processi e servizi" per quanto concerne percorsi di formazione inerenti a professionisti che operano in contesti variegati e innovativi, indi a master universitari con valenza nazionale e internazionale e a Schemi di Certificazione proprietari per l'eccellenza di processi e servizi.

Risulta perciò innegabile che diventare un auditor "certificato" significa confermare che il professionista in oggetto ha acquisito una solida base di conoscenze e di competenze nell'ambito dell'audit. La conferma di tale professionalità include la comprensione delle Norme e delle procedure di audit, la capacità di valutare i processi aziendali, l'abilità nell'identificare rischi e opportunità, infine la capacità di fornire raccomandazioni per il miglioramento degli stessi processi.

La certificazione di un auditor può essere specifica per un settore o per un ambito particolare: ad esempio l'audit dei Sistemi di Gestione della Qualità (ISO 9001), l'audit ambientale (ISO 14001), l'audit della sicurezza (ISO 45001), ecc.

Passiamo ora a elencare in maniera sintetica quali possono considerarsi i vantaggi derivanti dall'essere un auditor "certificato":

1. Credibilità e fiducia. Un auditor "certificato" fornisce una maggiore credibilità e ispira una

notevole fiducia alle parti interessate, vale a dire i clienti, i fornitori e gli investitori. La certificazione, inoltre, dimostra che l'auditor ha beneficiato d'un rigoroso processo di formazione e di valutazione delle competenze, che egli ha portato a termine. La certificazione, pertanto, garantisce che l'auditor è in grado di svolgere audit di alta qualità, cioè conformi agli standard riconosciuti.

2. <u>Competenza e conoscenza</u>. Gli auditor "certificati" sono tenuti a seguire programmi di formazione approfonditi e ad aggiornarsi regolarmente sulle nuove Norme e *best practice*. Tale percorso assicura che queste figure siano sempre capaci di valutare in modo accurato i processi aziendali, nonché d'identificare le aree di miglioramento e di fornire raccomandazioni pertinenti.

3. <u>Conformità normativa</u>. In alcuni settori o paesi, la certificazione degli auditor può essere un requisito legale o regolamentare obbligatorio. Ad esempio, nel settore finanziario, gli auditor devono essere necessariamente "certificati" al fine di garantire con la loro attività la conformità alle normative e alle leggi finanziarie. Essere un auditor "certificato", pertanto, consente di possedere tali requisiti, evitando così possibili sanzioni o conseguenze legali.

4. <u>Opportunità di carriera</u>. Essere un auditor "certificato", inoltre, è un passaggio fondamentale

nell'ambito di questa professione nonché denso di significati, anche perché capace di facilitare nuove opportunità di carriera. Molte organizzazioni, infatti, richiedono esplicitamente che gli auditor ai quali esse si rivolgono siano "certificati"; e solo questa categoria di auditor, del resto, potrà effettivamente assumere ruoli di responsabilità nel quadro di un audit interno o esterno. La certificazione, peraltro, può facilitare enormemente l'accesso a posizioni di consulenza o di formazione nel campo dell'audit.

5. <u>Miglioramento continuo</u>. La certificazione degli auditor richiede, da parte loro, un impegno per il miglioramento continuo delle competenze e delle conoscenze. Gli auditor "certificati", infatti, sono tenuti a partecipare costantemente a programmi di formazione, nonché a validare tale certificazione attraverso l'aggiornamento periodico delle competenze acquisite. Questo iter rigoroso fa sì che gli auditor rimangano aggiornati a proposito delle nuove tendenze e delle novità più recenti nel campo dell'audit, garantendo dunque a queste figure professionali la possibilità costante di offrire un servizio di alta qualità.

In conclusione, pertanto, possiamo dire che diventare un auditor "certificato" risulta essere uno *step* necessario nel contesto di questa professione. La certificazione, infatti, assicura all'auditor diversi vantaggi e benefici, grazie ai quali, sempre, a migliorare è la sua credibilità, ad accrescersi è la sua competenza, senza contare che all'auditor "certificato" si dischiudono opportunità di carriera che, in caso contrario, sarebbero fortemente limitate. La certificazione, dunque, è un riconoscimento ormai fondamentale della professionalità e dell'eccellenza nel quadro dell'audit. Essa, non a caso, contribuisce a garantire la qualità e l'affidabilità di un auditor rispetto ai soggetti e ai contesti con cui egli si interfaccia: Enti di certificazione, organizzazione clienti, Auditati, ecc.

La certificazione dell'auditor prevede anche il rispetto di un codice deontologico, che è dettato dai Registri professionali per gli auditor ed esso prevede l'acquisizione di alcune caratteristiche e qualità, ma anche il rispetto di alcuni obblighi che risultano basilari nell'ambito della professione:

- Consapevolezza di svolgere una attività di pubblica utilità.
- Coscienza, obiettività, competenza, etica professionale, indipendenza.
- Professionalità, buona fede, correttezza, lealtà, sincerità, riservatezza.
- Aggiornamento professionale continuo.
- Astensione da ogni genere di azione che può arrecare discredito al proprio prestigio professionale e al Registro di appartenenza.

- Divieto di compiere azioni lesive della immagine o degli interessi del Committente e dell'Azienda valutata.
- Astensione da attività di verifica ispettiva di terza parte nei confronti di Organizzazioni con cui l'auditor abbia un conflitto di interessi (tre anni precedenti e nei due anni successivi).
- Dichiarazione del proprio stato di Valutatore Certificato nei confronti del Committente e del Valutando.
- Registrazione e documentazione alla Direzione del registro di riferimento di ogni reclamo che provenga all'auditor dal Committente o dal Valutando.
- Obbligo d'osservare un atteggiamento di riserbo per quanto concerne le notizie apprese nell'esercizio della professione.
- Comportamento con i colleghi doverosamente improntato alla correttezza, alla considerazione, alla cortesia.
- Divieto d'esprimere apprezzamenti o giudizi critici sull'operato dei colleghi.

Anch'io, nella mia carriera di auditor, ormai diversi anni or sono ho intrapreso e concluso con successo il percorso della certificazione professionale con uno di questi registri nazionali (AICQ SICEV). Ammetto oggi senza difficoltà che questa scelta si è rivelata un *plus*, non solo per le competenze e per le conoscenze da me progressivamente acquisite, ma anche per le opportunità di carriera che tale opzione mi ha garantito. Grazie a questa felice e positiva scelta, infatti, sono entrato sempre più in contatto e ho potuto lavorare con realtà di punta, non solo italiane e in contesti prestigiosi, nei quali la professionalità certificata era ed è tutt'oggi un requisito imprescindibile, ovvero un'autentica *conditio sine qua non*.

A questo punto possiamo concludere con la speranza che i lettori possano trarre da questo semplice ma spero efficace testo, l'importanza dell'integrità e dell'etica nel lavoro dell'auditor, l'importanza di mantenere sempre la propria indipendenza ed imparzialità durante l'attività di auditing. Inoltre si è cercato di offrire una prospettiva unica sul mondo degli audit e sulle sfide che un'auditor è chiamato ad affrontare nello svolgimento di una professione che ha appassionato l'autore negli oltre venti anni di attività.

Printed in Great Britain
by Amazon